CURIOSITÉS

DU

mouvement social.

CURIOSITÉS

DU

MOUVEMENT SOCIAL,

OU

nouveau droit public de la France,

ET

NOUVELLE MÉTHODE POUR GOUVERNER LES PEUPLES,

D'APRÈS LA LOI DU 1er AVRIL 1837.

C'est curieux. Et instructif. Et sérieux et jovial. Et encore, c'est la plus positive de toutes les histoires, parmi les histoires qui peuvent le plus concerner le sort de toute personne ; chacun a le plus grand intérêt de s'en instruire.

CHEZ LES PRINCIPAUX LIBRAIRES,

les 5 premières livraisons, 2 fr.

1837—1838.

TABLE

de la totalité de l'Ouvrage.

Le mouvement social; ses curiosités les plus instructives, les plus importantes; ses plus pressantes réalités pour le sort de toute personne. Tout cela causant, en France, UN NOUVEAU DROIT PUBLIC, la loi du 1er avril 1837, qui crée la plus grave de toutes les institutions politiques. Tout cela retracé dans une série de livraisons, conformément à ce que le lecteur, ainsi que le sujet, réclament et comportent d'actualité, de mobilité, de solides développements, de grâcieuse, facile, populaire exposition. Tout cela tendant à la synthèse des idées humanitaires et à l'amélioration des choses sociales. Tout cela soutenu par des concours et des prix, dans le but de créer un centre d'activité, aussi vaste qu'il est possible de l'obtenir, pour les divers objets relatifs au mouvement social, et que la publicité peut rendre utiles.

1re LIVRAISON.

2me LIVRAISON.

3me LIVRAISON.

4me LIVRAISON.

5me LIVRAISON.

6me LIVRAISON et suivantes.

Exemples du pouvoir de cassation, (civil, commerce, pénal, criminel, matières judiciaires quelconques).

Renseignements les plus urgents, sur les lois dites interprétatives, et sur les difficultés, soit de l'administration de la justice, soit des révisions judiciaires. Tableau comparatif des diverses constitutions qui, à cet égard, se sont succédées en France.

Divers documents, sur la loi du 1er avril 1837, provenant de tout ce que l'examen et la controverse auront pû offrir de plus important sur cette loi. Comédie et couplet sur la loi du 1er avril 1837.

Quelques considérations, résultant de la loi du 1er avril 1837, et les plus immédiatement relatives au passé, au présent, à l'avenir de la France.

Apperçu des rapports entre la commandite, la morale et l'amélioration de la société.

Au surplus, vû que la situation actuelle de la société, remet en question l'immense sujet de l'*aristocratie*, de la *démocratie* et de la *théocratie*; vû que ce sujet, par l'effet du temps, par la nature du mouvement social, fournit des développements qui n'ont pas encore été émis, des points de vue qui, en étant utiles, sont ou nouveaux, ou ignorés, ou méconnus; nous suivrons la question dans ses rapports avec le mouvement social, et nous indiquerons les *améliorations qui sont les plus réalisables quant au droit public de la France*. Par conséquent : législation, jurisprudence, procédure, organisation judiciaire; *histoire des variations de la France*, *relativement à l'administration de la justice*, *aux révisions judiciaires*, *aux lois interprétatives;* principes du droit, de la morale, de la religion, de la science; coup d'œil sur l'*indifférence et sur la solidarité de tous et de chacun en matière de politique;* examen sur la *loi synthétique de l'univers* au moral et au physique, ou traité de *philosophie synthétique* pour clef et pour guide des sciences qui intéressent le genre humain; tels seront les objets essentiels, de la suite de notre travail et de nos écrits, sur les *curiosités du mouvement social* en l'époque où nous vivons.

PIÈCES JUSTIFICATIVES.

Texte de la loi du 1er avril 1837, ses différences avec les lois antérieures sur la même matière.

DEUX CONCOURS, AVEC PRIX,

pour la loi du 1er avril 1837, et avis relatif à d'autres concours.

PAR GABRIEL VICTOR DUCLO,
Fondateur de divers concours avec prix, Auteur
de divers ouvrages et du plan des cercles scientifiques, le tout concernant divers sujets
d'intérêt général en sciences physiques
et morales; Membre des congrés
scientifiques; Décoré de la
médaille pour
LE CANAL DE PROVENCE.
etc.

Ire LETTRE

SUR

LA LOI DU 1er AVRIL 1837.

Généralement on ne s'est point avisé, de la loi du 1er avril 1837; voici pourtant le mal qu'elle fait aux biens, au sort, à l'existence de toute personne.

Jusqu'ici, les lois et les tribunaux avaient autorité, pour protéger chacun, contre les attaques injustes. Mais, ladite *loi d'avril*, arrange différemment la société.

Cette loi crée une souveraineté nouvelle, inouïe, illimitée, un véritable *pouvoir dictatorial*, un arbitre suprême de tout ce qui existe en France; quand il lui plaît et comme il lui plaît, bon gré mal gré toutes les lois et tous les tribunaux, ce juge législateur prononce toutes les décisions et toutes les condamnations imaginables.

Nous ne manquerons pas de faire voir l'exemple des *nombreuses victimes* qui, déjà, par des événements accomplis, révèlent la nature du *nouveau pouvoir*, et sa portée formidablement aristocratique.

Pour assurer la réussite de ladite *loi d'avril*, et afin que l'on n'y prit point garde, on a dit qu'elle n'était qu'un *simple réglement de procédure;* que son avantage était d'assurer l'*invariabilité des décisions*, et d'obvier aux inconvénients, soit des *dissentiments judiciaires*, soit des *lois interprétatives*.

Moyennant ces *frauduleux prétextes*, la loi du 1er avril 1837 porte :

« **Tout procès arrivé, pour la 2e fois, en cassation, sera déféré**
« **aux sections réunies de ce tribunal; & la juridiction inférieure à**
« **qui l'affaire sera ensuite renvoyée,** *SE CONFORMERA* **à**
« **la décision de la cour de cassation.** »

Or, une question :

Comment ce remuement des procès a-t-il lieu? Si on examine les lois existantes, on reconnaît qu'il est très facile, que l'on suscite des procès à tort et à travers; que l'on fasse arriver les procès, pour la deuxième fois, en cassation; qu'avec ces procès, on désole les citoyens, on batte monnaie; d'ailleurs, que cassation décide des procès, de manière que tous les éléments de richesse, insensiblement, se trouvent concentrés sous les mains de quelques fins meneurs. Au reste, la *loi d'avril* laisse cassation, *libre de changer d'avis à chaque avis*, ce qui ne saurait procurer l'*unité de la jurisprudence.* En définitive, avec la loi d'avril, un même procès se plaide six fois, en six tribunaux différents, pour au bout être décidé au seul gré de la cour de cassation. Que ne peut donc pas faire ce remuement des procès? Que peut ne pas faire cassation, aujourd'hui, qu'elle peut dire: La loi, c'est moi? Quel progrès pour la France!!! en 1837!!!

L'autorité de cassation est sans limite. Assurément, toute puissance qui, sans limite, est libre de commander, et qui a le pouvoir de se faire obéir, est à même de réaliser autant qu'il se peut concevoir de mal; le bien n'est plus qu'une chance douteuse!

Avant de proclamer que *cassation* est *infaillible*, il est à considérer, que son autorité actuelle, constitue une *dictature suprême et sans frein*, *régnant à Paris*, *pour toute la France*, *fort au-dessus de tous les pouvoir sociaux.* (et puis, quels sont ses voisins?) Que concevoir, pour justifier un abandon aussi complet, un laisser-aller aussi aveugle?

Difficilement on fera croire, que les motifs de confiance, contrebalancent les chances de danger. *CONFIANCE. GARANTIE.*

Difficilement on montrera une barrière qui, pour la société, fasse quelque *réelle* garantie, contre la portée politique, législative, judiciaire de la *nouvelle* cour de cassation. *CONFIANCE. GARANTIE,*

Le mot même de garantie est ici dérisoire. La société est à la merci de l'arbitraire, sitôt qu'elle n'a point la certitude d'un contrat à opposer à tout aggresseur. Sans législation certaine, la discrétion du juge ne peut que gaspiller et tripoter la société. *CONFIANCE. GARANTIE.*

La loi du 1er avril 1837 pose, en France, le pouvoir judiciaire au lieu et place de tout autre forme de gouvernement; et cette exhorbitante autorité est concentrée à Paris, en la seule cour de cassation!

Avec la loi du 1er avril 1837, tous les tribunaux de France ne sont que des mannequins et des automates, dont la cour de cassation à le suprême maniement. Tous les tribunaux de France n'ont à dire que ce que la cour de cassation leur enjoint de dire. Les tribunaux ne sont donc que des perroquets, sitôt qu'ils sont tenus de répéter, sans commentaire, l'arrêt émané de cassation. Véritable comédie burlesque, cassation y est le grand souffleur. Quelle farce joucront ces gens-là? Demandez à ceux qui l'ont déjà éprouvé, comment cassation triture ceux que l'on fait arriver sous son pouvoir indéfini. Tout français est dépendant, esclave, serf de la cour de cassation. Il en adviendra tout ce que cassation voudra; cassation c'est la seule loi de France.

La loi du 1er avril 1837, est-elle quelque supercherie gouvernementale? Si une caste avait voulu s'assurer la plus entière suprématie, pour pouvoir accaparer le monopole des richesses et des faveurs; aurait-elle fait différemment? Si un pouvoir inique avait voulu, pour décimer ceux qui lui portent ombrage, les placer sous un régime judiciaire qui pût, arbitrairement et à la sourdine, frapper tout individu dans son isolément; eût-on fait différemment? Si ce pouvoir avait voulu réduire au silence tous les tribunaux et tout le barreau encore, afin que les citoyens ne pussent plus y trouver leur abri et leur défense; eût-on fait différemment? Si ce pouvoir eût voulu annuler les lois, le jury, les chambres législatives; eût-on fait différemment? etc.

Le fait est, que cette loi ne serait *NI PLUS NI MOINS* que ce qu'elle est, si on avait voulu introduire, subreptivement, par cette loi, quelque *nouveau régime*, quelque régime de terreur et de dévastation, quelque régime oligarchique fort au préjudice du corps social. etc.

D'autre part, cette loi ne se serait jamais établie, s'il n'eût point existé, dans presque toutes les têtes, l'idée que les lois sont, pour le commun des citoyens, choses étrangères, indifférentes; s'il n'eût point aussi existé, dans presque toutes les têtes, l'idée que le pouvoir judiciaire doit avoir la faculté de *modifier la loi*, quand il trouve à propos de n'en point suivre fidèlement le texte précis. etc.

Encore moins serait-elle venue, cette *loi d'avril*, si on avait considéré qu'un *dissentiment judiciaire*, est bien moins absurdement terminé, par la *majorité des décisions rendues*, que par la sentence d'un *seul* tribunal suprême; à moins que tous les autres tribunaux ne soient *supprimés*, comme essentiellement fautifs, inutiles, onéreux. etc.

Les *lois faites* par le vote de la majorité des législateurs, ne conduisent-elles pas aux *lois appliquées* par le vote de la *majorité des juges?* Le vote de la majorité des juges, n'est-ce pas au moins la majorité des décisions rendues? et si ces décisions, rendues par la majorité des juges, laissent encore quelque regret, que dire de la décision émanée d'un *seul* tribunal? Enfin, quand l'office du juge laisse à regretter, n'est-ce pas au législateur qu'il faut seulement recourir, et à lui seul qu'il appartient de régler l'avenir de la jurisprudence et de la législation, sinon tout autre pouvoir est maître de la loi? etc.

Le privilége actuel de la cour de cassation, est une hostilité violente, contre les lois, contre les tribunaux, contre le corps social en entier, contre toute personne, contre tout droit, contre tout intérêt, contre toutes les institutions de la France. C'est un déplorable calcul de l'aristocratie. La démocratie balayera à coup sûr, non pour opinion, mais pour morale et pour intérêt; car le temps des castes et des opinions a passé, remplacé pleinement par l'époque des intérêts sociaux. Oui, on ne souffrira pas long-temps que cassation dise: La loi, c'est moi; à moins que la France ne soit..................

L'avénement de ladite *loi d'avril* nous apparait, surtout, l'œuvre d'un *secret*, d'une *caste*, d'une *aristocratie*. etc.

C'est pourquoi nous avons songé à y opposer: *publicité*, *popularisation*, *concours*. *CONFIANCE*. *GARANTIE*.

Soit par nos détails, soit par les *concours* et les *prix* que nous avons fondés, nous osons l'attendre, la loi du 1er avril 1837 sera, bientôt, ce que la société a besoin qu'il en fut depuis long temps. Nos *prix* et nos *concours* seront augmentés, de toute adjonction dont il pourra y avoir lieu de les agrandir.

Conformément à ces diverses pensées, et selon le prospectus ci-joint, nous avons mis en vente, chez les principaux libraires, une brochure intitulée:

CURIOSITÉS

DU

MOUVEMENT SOCIAL,

OU

nouveau droit public de la France,

ET

NOUVELLE MÉTHODE POUR GOUVERNER LES PEUPLES,

D'APRÈS LA LOI DU 1er AVRIL 1837.

les 5 premières livraisons, 2 fr.

CURIOSITÉS

DU

MOUVEMENT SOCIAL.

1re LIVRAISON.

CURIOSITÉS

DU

MOUVEMENT SOCIAL.

§ 1er

Programme des curiosités du mouvement social.

CURIOSITÉ A VOIR : Qu'une nouvelle méthode pour gouverner les peuples se trouve coulée, tout doucement, dans la loi du 1er avril 1837 ; que cette loi place la France au point où en sont les peuples qui n'ont aucun droit public écrit, fixe, antérieur aux décisions judiciaires ; que dès-lors tous procès et toutes sentences sont possibles, mais possibles au-delà de toute borne appréciable en la pensée, possibles même au-delà de toute limite assignable en la plus féconde utopie ; que la société reste, sous cette loi, à n'avoir plus d'autre notion de garantie, envers tout droit public, que le seul principe de confiance, et que la cour de cassation devienne le *suprême parlement* de la France, décrétant au-dessus de tout pouvoir quelconque, lorsque son institution était de ne pas être même juge, mais seulement conseil de cassation et contrôle des jugeurs;

CURIOSITÉ A VOIR : Que le siècle soit arrivé au régime de cette loi; que sans mot dire, la France l'ait admise, après tout ce que la société a dépensé, jusques-là, en travaux, efforts, sacrifices de tous genres, dans le but d'obtenir le *règne de la loi écrite*, contre les *envahissements de l'insatiable arbitraire*; de quelle façon cette loi s'est établie; avec quelles circonstances elle est advenue; les divers motifs qui ont prédisposé les esprits à cette loi, à son établissement, à son maintient; ses causes, ses prétextes, ses parallèles, sa nature, sa valeur, sa portée, ce qu'elle rend faisable pour le sort de tous et de chacun; ce que soulève d'idées les questions: faut-il ou ne faut-il pas cette loi? Par quoi la remplacer? Qu'a-t-elle remplacé?

CURIOSITÉ A VOIR : Quels nombreux, quels délicats objets sont mis en étude, par le fait de cette loi; quelles choses son existence porte à dire, pour le moral et pour le matériel de la société; quels rapports ressortent de cette loi, pour toute question ou scientifique ou sociale; ce qu'elle révèle de la situation actuelle du monde, des irrésistibles tendances humanitaires, de la marche forcée de la société vers l'avenir;

CURIOSITÉ A VOIR : Tout ce que le pouvoir législatif a abdiqué de ses attributions en créant cette loi ; jusqu'à quel point cet acte altère la constitution du pays, et crée un nouvel atelier pour la fabrique des lois ; que sous prétexte de mieux assurer l'ajustement de la législation à chaque détail des questions sociales, la loi d'avril consacre le libertinage du pouvoir, l'escamotage des lois, le gaspillage du droit public, l'indéfinie élasticité de la jurisprudence ; que cette loi attribue tant de faillibilité au corps entier de la magistrature, tandis qu'elle suppose au contraire pleine infaillibilité à la seule cour de cassation ; qu'elle oblige ainsi à examiner la question sur le point de savoir : où doit être cherchée, pour l'incorruptibilité des pouvoirs et des droits sociaux, l'infaillibilité du pouvoir jugeant ;

CURIOSITÉ A VOIR : Que l'on ait songé, dans la France de 1837, à rendre souverain, un être que l'on ne s'est point occupé de rendre infaillible ; que par suite, à partir de 1837, la France se trouve engagée dans une voie où elle ait besoin d'étudier, en parallèle, le *pouvoir dictatorial* et le *pouvoir légal* ;

CURIOSITÉ A VOIR : Le gouvernement demander aux chambres, des lois dont on se passe (dont légalement on peut se passer) avec la loi du 1er avril 1837 ;

CURIOSITÉ A VOIR : Que pour la cour de cassation, et à la distance de quelques jours, il a été demandé aux chambres : (par le ministre de la justice) *augmentation du pouvoir de casser toutes les décisions* *judiciaires, avec injonction aux tribunaux de se conformer à l'arrêt de cassation*; (par le ministre des finances) *augmentation d'émoluments ou salaire*. D'ailleurs, que sans réclamer, protester, s'élever contre ces actes ministériels, la cour de cassation a fêté la loi du 1er avril 1837, soit par de la statistique, soit par des arrêts de très cassante portée; que l'on veuille dire de la cour de cassation, qu'elle n'a compris cette loi qu'après coup, tandis que cette loi suppose à cette cour la capacité d'interpréter, désormais, en *seul* infaillible et souverain juge, toute loi quelconque; que l'on veuille dire encore que, pour maintenir unitairement et intégralement l'application des lois, il convient d'avoir la loi d'avril qui laisse, sans limite aucune, la cour de cassation libre de changer d'avis à chaque avis, et en outre, qui laisse les tribunaux et cours du royaume libre de juger, à leur guise, toutes les fois qu'il n'y aura ni pourvoi ni renvoi de cassation. Quel gachis pour la magistrature!

CURIOSITÉ A VOIR : Que la loi du 1er avril 1837 démontre, utilement, tout ce qui peut se commettre d'anomalie dans le gouvernement de la société, quand la démocratie s'endort et laisse agir seul ce qu'on nomme lè pouvoir; que par cette loi, tout individu est mis en demeure de réfléchir, fort radicalement, sur l'*indifférence* et sur la *solidarité de tous et de chacun en matière de politique*, tandis qu'au contraire, jusqu'à présent, l'esprit de l'aristocratie a fait penser, à chaque personne, qu'elle devait se tenir étrangère aux affaires de son pays ; qu'à cause de l'aberration qui a conduit au régime de la loi d'avril, le principe démocrate, publicain, rationnel, moral, religieux, est contraint et forcé de prendre beaucoup d'essor ;

CURIOSITÉ A VOIR : Combien la loi du 1er avril 1837 met en évidence : que l'homme est ici bas à la merci, à la discrétion de l'homme ; que sans sanction religieuse, la société n'est qu'une boutique et un repaire où l'on joue à l'ambition, à l'égoïsme, au vandalisme, au caprice, aux fantaisies, aux plaisirs, au crime, au brigandage ; que sans sanction religieuse, les nations ne sont que des hordes en proie à la violence, et chez qui le fort triture le faible, le gros mange le petit, le tenant se moque de l'attendant et l'abîme de sarcasmes ;

CURIOSITÉ A VOIR : Combien la loi du 1er avril 1837, manifeste de rapports entre : l'incorruptibilité du droit, l'égalité du droit, la mutualité des bons offices, l'échange des procédés avantageux, la commandite des actes humanitaires ; combien cette loi d'avril fait sentir, à la conscience calme et réfléchie, que la notion du droit moral, et des garanties sociales, et de la sanction religieuse, se résument, souverainement, dans la notion de la charité chrétienne ; laquelle n'est réalisable en entier que par la pratique de la commandite ; car la foi est pour charitariser le moral, comme la commandite est pour charitariser le matériel de la société;

CURIOSITÉ A VOIR : Que la loi du 1er avril 1837, en grande partie, provienne de l'instinct qui, sans réflexion bien précise et bien conçue de la part des humains, les pousse néanmoins sans relâche, vers le principe d'unité, de synthèse, de confiance, de réciprocité, de charité;

CURIOSITÉ A VOIR : Que la loi du 1er avril 1837 soit arrivée lorsque le genre humain se trouve avoir usé toute conception, hormis la notion religieuse; lorsque toutes les idées humaines sont dans la plus complète confusion et dans le plus effrayant gachis; lorsque la société est dans le plus formidable cataclysme législatif et judiciaire qui se soit vû jamais; lorsque le système de violence et d'égoïsme est généralement réprouvé; lorsque toutes les tendances humanitaires sont pour remplacer le principe de violence et d'individualisme, par le principe du sacrifice de soi; et pour remplacer l'égoïsme par la commandite; et pour remplacer la science par la statistique; et pour remplacer les lois et la magistrature par une seule institution investie du monopole de la confiance publique, sous la garantie de l'égalité des droits entre le jugeant et le jugé;

CURIOSITÉ A VOIR : Que la loi du 1er avril 1837 vienne donner aux croyants, le moyen efficace pour renvoyer à lui même, le rire de l'impie qui veut faire croire qu'il a beaucoup d'esprit, en niant que : « Si « une vie future n'est point le motif et la garantie « de la vie actuelle, il ne reste nulle autre chose

« que le seul droit du bon plaisir et de la force. »

CURIOSITÉ A VOIR : Les éléments qui se préparent pour l'avenir moral et physique de la société ; ce qui s'est dit ou se dira de plus important, soit pour soit contre la loi du 1er avril 1837, soit pour soit contre la doctrine des curiosités du mouvement social ; tout ce que l'examen de la loi du 1er avril 1837 comporte de plus jovial, de plus sérieux, de plus direct pour le sort et l'intérêt de toute personne. Naturellement, la suite des livraisons de l'ouvrage actuel, pourvoira aux besoins de la discussion qui pourra survenir. Entamez donc.

§ 2.

Sérieux et plaisant prologue, sur l'esprit et sur les curiosités du mouvement social.

PENSEURS ET RIEURS, les curiosités du mouvement social sont pour vous ; elles ont de quoi vous tous contenter ; elles sont de plus en plus curieuses. Consentez à les voir ensemble ; vous gagnerez à ce que *sérieux* et *jovial* y aillent de compagnie. Il y a temps et sujet pour mener de front gaîté, instruction, morale. Des distractions instructives, des joujous enseignants, on peut en préparer pour tout le monde, sur les questions les plus importantes ; si bonbon est bon à enfant petit, grand enfant peut les manger encore sans qu'il y ait mal.

Rire ! — Certainement ; rire à propos rehaussse l'éclat du bien ; d'ailleurs, n'a pas à se fâcher quiconque n'a pas tort. Au surplus, vous savez que *gaîté*, c'est comme le *prénom de la nation française* ; rieur français a raison me semble ; tout aussi bonne vérité s'accomode du rire.

Graves, grands, sublimes, prodigieux esprits, qui avez déjà tant vû dans la loi d'avril, ne nous abandonnez pas à cause de quelques légères plaisanteries ; les curiosités du mouvement social n'en sont pas moins curieuses. Foi de statisticien ! c'est curieux, et instructif ; et sérieux et jovial ; et encore, c'est la plus positive de toutes les histoires, parmi les histoires qui peuvent le plus concerner le sort de toute personne. Eh bien, *eu égard a d'aussi graves considérations*, laissez nous, parfois, prendre un petit rire ; certes ce rire ne vous tuera pas, il ne vous atteindra pas même du plus léger toucher, c'est tout au plus s'il fait preuve de bonhomie ; dès lors ne le craignez pas ; le français s'en sert à merveille, même après une bataille.

Il est question de montrer qu'en présence des *événements du siècle*, il faut croire au droit ; qu'il faut n'avoir ni peur ni confiance pour la force. Est-ce le cas de pleurer, de faire la grimace, de se planter d'humeur noire et morose avec la sécheresse d'une porte de prison ? Laissez pleurer ceux que la nouvelle cour de cassation châtouille ; ceux-là, oui, ils ont raison de pleurer, de crier même. Pour nous, en attendant notre tour du sacrifice, pensons beaucoup, rions assez; cassant pouvoir ne peut rien là, quand bien même voulut-il, un beau matin, casser toutes les vitres. Sublime cassation!

C'est impossible de dire et de comprendre tout, tout à la fois; mais, quand vous aurez tout vû, jusqu'à la comédie et au complet qui, au bout, à la fin de la dernière livraison, laissent bonne bouche, c'est alors que vous aurez *de quoi penser* et *de quoi rire*.

Serai-je dans l'erreur? dans l'erreur! pour rester simple narrateur et rire! mais, je ne raconte que ce que la loi du 1er avril 1837 a émis en termes forts courts et fort clairs. Si pourtant j'étais dans l'erreur! alors, ce serait la loi d'avril qui m'aurait induit en erreur. *Est-ce donc quelque poisson d'avril que cette loi là?* Voilà ce que c'est que de croire aux lois des hommes? les lois sont donc des guet-à-pens! on s'y confie; on adopte leurs principes; puis tout de même on a tort! charte! que sais-je? vérité! quoi encore chercher pour se défendre?

Quoiqu'il en soit, s'il vous plaisait de me condamner, je ne vous demanderai pas si nous sommes au temps des Dioclétiens et des Nérons; je ne vous demanderais qu'une modique grâce, voici:

Ce serait que vous m'envoyassiez chez les Cafres, leur prêcher l'évangile; dès lors que c'est si dangereux de parler morale, chez ces peuples statisticiens dits civilisés qui, au lieu de s'engraisser de la chair et du sang des humains, trouvent plus de profits à vivre des misères de la multitude. *Pende quidem, vive tamen*. Cassation ! C'est pire que l'antropophage.

L'antropophage qui soudain vous tue ; n'importe qu'après il vous mange cuit ou crû, coupe court aux peines de la vie. Mais l'impie, (et point d'impie pire que l'égoïste) non antropophage, ne vous conserve vif que pour se servir de vos misères. Il ne vous tue pas, parce qu'il trouve plus utile que vous lui serviez d'esclave et de machine, à la disposition de ses goûts effrénés et insatiables. Et de crainte que vous ne soyez pas assez malheureux, de son droit de force, de votre servitude, de votre indigence, de votre abaissement, de vos douleurs morales et physiques, il veut vous faire souffrir de la démoralisation et du désespoir de l'athéïsme ; il s'applique à détruire, en vous, l'idée de Dieu et de sa justice, et de ses espérances, et de son commandement de vouloir et de faire pour les autres comme pour soi même. Puis l'impie vous proclame la liberté religieuse ; c'est-à-dire, la liberté d'exercer effrontément son brigandage envers Dieu et ses créatures, et d'ôter aux créatures tout moyen de foi en Dieu ! après cela, vivez si vous pouvez. C'est l'histoire du vautour qui dévore le foie de Promethée, renaissant sans-cesse pour être dévoré toujours. Cassation !

Souffrir ! être broyé en cassation ! soit ! du moins, laissez moi l'espérance de la vie future ! quand selon vous, je demande si peu, pourquoi me le refuser ? est-ce donc quelque rage particulière, et inconnue de l'antropophage, qui vous fait vouloir m'ôter l'adoucissement qu'apporterait à mes angoisses, la foi en Dieu et en sa vie à venir, en réparation, en cassation des erreurs, des iniquités d'ici bas! foi, espérance, charité; ça vaut mieux que toutes les constitutions faites et à faire; c'est sans cassation possible, elle pourtant qui a tout pouvoir en France.

L'avenir vous épouvante-t-il par sa justice? Il ne dépend que de vous de tenir à l'idée de miséricorde. Miséricorde ou justice vous aurez, selon que vous aurez fait aux autres, miséricorde ou justice. Jamais contrat plus clair ni plus exactement synallagmatique. Le temps n'efface pas ces choses-là. Dieu a dit: « Misereor super turbam, væ vobis divites, hypo« critæ, pharisæi, scribæ, etc. » Et si cette parole ne vient de Dieu, de qui vient-elle, en traversant tous les siècles, toutes les corruptions, tous les délires des puissants d'ici-bas?

A propos; sieur éclectisme, n'est-ce pas?....... ...Statistique ne va pas si loin. Myope, taupe même, il lui suffit que l'on tienne le bourreau pour le Tout-Puissant, que l'on soit vertueux jusqu'à concurrence des assises; ce qui certainement ne peut pas grand chose pour avoir de bons arrêts en cassation. Bien plus, qu'est-ce que cela fait ailleurs? Que deviendrait le monde, si l'être humain était tel qu'il ne fallut que songer à tenir ou à finir? En effet, que concevoir plus sot que d'attendre en face de quiconque tient, si rien n'était à craindre en jouant le tout pour le tout ; la terre n'est jamais que lieu de privations ; véritablement prison, exil, vallée de larmes ; et un échaffaud n'est qu'un moyen, comme un autre, pour en finir avec les angoisses de la vie, si la vie devait toujours terminer au tombeau. Cassation !

Or, tout cela et ses suites vient de la loi du 1er avril 1837. Qu'avait-elle, cette loi d'avril, d'aller remuer tout ça ? oui, mais c'est ainsi. Guêpier ! soit. Il ne reste qu'à s'en sortir. A mauvais jeu, bonne mine, c'est le mieux. Sur ce, tombons d'accord :

Toutes les curiosités du mouvement social, avec les détails convenables, vont être l'objet des livraisons successives de l'ouvrage actuel. Ainsi conclu, et sous la protection (ou à l'abri) de qui de droit, à l'exclusion de toute cassante idée subreptive quelconque.

Pardon. Un dernier mot pour finir le prologue.

Rien n'est terrible comme *les yeux à soi quand même*. Par conséquent, tâchez bien que vos yeux ne vous empêchent pas d'y voir.

Lisez, vous jugerez ensuite ?

De sûr : on ne vous interdit pas de juger ; pas plus que vous n'avez prohibé d'écrire.

Singulier ! (très gulier, disait l'autre, en l'absence des saints) *comme l'on se presse de juger ; on ne vous lit qu'après*. Tant vaudrait, ce me semble, entreprendre de digérer sans avoir mangé ; pourtant manger, c'est fort avant dans l'esprit du siècle, par bonne raison assurément ; ventre affamé eût-il jamais oreille ? Malheur que l'on a trop souvent affaire avec des quidams insatiables. Cassation !

Parié. Si vous lisez le tout, *avec cette manière de lire* qui, seule, donne valeur aux œuvres intellectuelles; vous m'accorderez votre adhésion. Songez que c'est beaucoup. Bien entendu que vous ne me *prouverez pas des torts*. Mais, aussi! vous n'irez pas vous rejetter sur la maxime : qui veut battre sa femme, trouve toujours motif. Fi donc la maxime et ses suiveurs! Battre! battre une femme! battre sa femme! Quel droit! quel ton! demandez à cassant pouvoir *s'il voudrait* s'en accomoder. Loi du budjet! n'est-il rien de mieux? Le principe de la civilisation, la charité qui est la loi fondamentalement constitutive de tout être moral, ne veut des coups pour personne, pas même pour les bêtes; frappeurs ne l'oubliez pas. Il n'appartient qu'aux Russes, de compter le fouet, comme le principal joyau que le beau-père fournit à son gendre, le jour des noces. Vous Français, dans vos actes, mettez moins de brutalité, surtout envers la femme, et qu'en cassation, nous ne voyons jamais arriver l'*esprit du pays des ukases*. Cassation!

Oui, l'humanité marche. — Elle marche! où va-t-elle? — L'humanité s'en va; cherchant; usant; s'éclairant par expérience; tendant à rétablir l'équilibre du sentiment et de la raison; s'efforçant de sortir de l'anarchie de l'analyse pour arriver au calme de la synthèse; elle s'approche de plus en plus du principe de la charité, et si quelque obstacle malencontreux survenait, cataclysme des plus sinistres.

Ne regardez plus en sens inverse du but de l'être

humain. Suivez, avec des vues d'ensemble, les faits que le genre humain produit avec le plus de constance et de généralité; bientôt vous y verrez suffisamment clair. Ce qui n'empêche nullement de rire, pas plus qu'un procès en cassation.

Actuellement, que le *prologue* s'est assez expliqué sur les idées préliminaires; tournons bride. A la loi du 1er avril 1837, courrons-y tous; ne serait-ce qu'une aubade, nous lui devons pour bienvenue.

Préparez-vous-y. La loi du 1er avril 1837 est prête à vous envoyer en cassation, et par deux fois en cassation, et d'ailleurs, en passant par quatre autres degrés de ce qu'autrefois il s'appelait : l'ordre judiciaire. On ne dit pas si c'est, comme le porte un passage de l'histoire, pour tenir séparément entre deux sortes d'êtres : la délibération et la décision des affaires à juger. En résumé, ce passage de l'histoire, qui raconte de l'ancien temps, qu'il fut une époque où la délibération était aux uns et la décision aux autres, forme logogriphe. Tâchez de deviner, gens d'esprit. Ce passage de l'histoire ancienne, demeure donc fort curieux, pour les curiosités du mouvement social.

Ainsi, munissez-vous. Avec la loi d'avril, il vous faut en quantité : argent, temps perdu, déplacements, fatigues, anxiétés, etc., etc., au moins nous en sommes avertis.

Direz vous : pourquoi cette route qui cause six apparitions en justice, depuis 1re instance jusqu'au dernier renvoi de cassation? C'est aux livraisons de l'ouvrage actuel à le dire successivement, afin que chaque chose reste en sa place, s'y montre au plus vrai et au plus sensible, en un mot y concourre le mieux pour effectuer effectivement : Curiosités du mouvement social.

§ 3.

Précis de la nouvelle méthode pour gouverner les peuples, selon la loi du 1er avril 1837.

La loi du 1er avril 1837, en effet, pose une nouvelle méthode pour gouverner les peuples, puisque de cette loi il résulte :

« Suspension, suppression, nullité des lois écrites, « nullité de tous les tribunaux de France devant la « nouvelle autorité de la cour de cassation ;

« Pouvoir de juger sans la loi ; pouvoir de décréter « judiciairement les droits, les obligations de chacun, « n'importe toute législature, à l'insu du législateur, « sans garantie d'aucune publicité, ni d'aucune réserve, « ni d'aucune limite quelconque ;

« La lettre, la lecture de la loi, à la merci de l'in- « terprétation juridique d'une seule juridiction, ou « commission spéciale, sans appel, sans révision, « même sans certitude de fixité ;

« Suprématie illimitée et irresponsable, omnipo- « tence sans frein, d'un tribunal dictatorial, définitif, « investi sans garantie stipulée ;

« Volonté du *pouvoir*, au-dessus de toute loi écrite ;

« Gouvernement judiciaire, au lieu de tout autre « gouvernement ;

« Le système légal, soumis au régime judiciaire;

« Les peuples, à la discrétion du *pouvoir* et du fisc ;

« Les provinces, sans limite, assujetties à la capitale ;

« En un seul point, colossale concentration, mo-« nopole de tous pouvoirs sociaux.

En un mot : Beffroi de la tyrannie, du bon plaisir, des bonnes ou mauvaises digestions d'un juge dictatorial, sans frein aucun ! tripotage de la société et de ses lois ! gaspillage du droit public ! société de castes ! cataclysme législatif et judiciaire ! gachis, confusion, oubli, mépris de toute notion de bien public, de tout principe de toute société quelconque, de toute idée humanitaire ! vandalisme, brutalisme ! sac de la civilisation et de la morale ! etc., etc.

Avouons que cette loi d'avril a su s'y prendre pour faire dire à chacun : de ce pas ci, où donc va l'humanité? ayez donc autant d'esprit que poisson d'avril.

Les antagonistes de la charité, ont rêvé qu'il n'y eut point de droit ; que la force fut l'unique justice ; que le faible n'eût aucun droit à invoquer à son appui. Ainsi, ils ont fait leurs lois et leur conduite ; ils se sont rendus forts et maîtres de tout, jusques des humains, comme si c'était du bétail. Or, vain complot. Dieu a fixe les droits de l'homme ; ni voleur ni rouille ne peuvent les altérer aucunement. Avec la religion, les divins droits de l'homme réstent intacts, nonobstant même toute cassation.

CURIOSITÉS

DU

MOUVEMENT SOCIAL.

2me LIVRAISON.

§ 1.

Réflexions provisoires et fort curieuses, sur la Loi du 1er avril 1837.

Voici, pour le moment, et pour soutenir la loi du 1er avril 1837, ce que quelqu'un pourrait dire de plus curieux :

Avec cette inappréciable loi, le *pouvoir* a un moyen infaillible pour mener les peuples comme il l'entend. Le *pouvoir* n'ira plus au gré des peuples. Au contraire, les peuples iront au gré du pouvoir. Et, cela seul, c'est l'*ordre*.

Le *pouvoir* n'est-il point las, justement, de n'être qu'un *mannequin*, livré aux impulsions, aux fantaisies, au gré de chaque premier venu?

Va donc bien, que par la loi du 1er avril 1837, le *pouvoir* soit revêtu de *doublure*, si forte, qu'une fois, il puisse se mettre à assurer son office.

D'ailleurs, le temps des utopies et des tribulations sociales doit finir ; les peuples eux-mêmes en sont fatigués ; ils n'en veulent plus. Aussi, la loi du 1er avril 1837 n'a éprouvé, pour advenir, aucune *difficulté*.

Après avoir brisé les chaînes qui le liaient à l'*ordre*, l'animal populaire est enfin aux abois. C'est le moment de le saisir avec énergie ; de le ramener fortement sous le joug, de l'y maintenir avec fermeté. Or, puisque la loi du 1er avril 1837 fait tout cela, appuyons vivement cette loi.

Il n'y a pas de milieu. Si le peuple n'est pas gouverné, il gouverne. Et ce gouvernement n'est que de l'anarchie, en l'absence de la religion.

De son côté, le *pouvoir* n'est rien moins que *pouvoir*, si la résistance contre le *pouvoir* est possible.

Or, une fois comprenons-le. Là, où des lois écrites existent, les peuples s'en servent contre le pouvoir. Des lois écrites, ne sont que des armes données aux peuples, contre le *pouvoir*. Le peuple contraint le *pouvoir* de suivre les lois. Mais, le peuple, à son gré, brise et change les lois, toutes les fois qu'il y songe. La partie n'est donc pas égale, entre le peuple et le *pouvoir*, quand il sagit de lois. L'histoire de tous les pays le démontre à satiété. C'est pourquoi, avec raison, l'on a établi, le 1er. avril 1837, une loi qui, net, supprime toute l'autorité des *lois écrites*, et qui, judicieusement, *remplace les lois, par la volonté suprême du pouvoir*. Nous pouvons donc compter sur l'*ordre*, désormais.

Des lois écrites ! quelle utopie ! Est-il possible, est-il utile, qu'une nation subsiste avec des lois écrites ! Voyons des preuves.

1° Un code, quelque étendue qu'il ait, n'est pas plutôt écrit, que mille questions imprévues et *imprévoyables* surviennent. Force est de décider, par des *arbitres qui soient libres, et irresponsables de leur sentence*. Aucune loi écrite, n'a pouvoir de prévenir cette indispensable justice, nécessairement arbitraire. Les nécessités de la nature, personne ne peut les changer ; ce sont des garanties d'un ordre moral supérieur ; puisqu'il vous domine, supportez-le de bonne grâce. Il ne suffit pas de distinguer les cas prévus et ceux qui ne sont pas prévus. *A moins qu'on ne le lui défende*, le juge pourra toujours dire de tel cas particulier : celui-ci n'est pas prévu ; c'est à ma logique et à ma digestion d'en fixer le réglement. Vos lois ne sont donc rien. Utopie donc que les lois.

2° Toute loi écrite comporte et reçoit, inévitablement, une interprétation différente à chaque fois qu'elle est lue :

Soit par un homme différent ;

Soit par un même homme, selon la position où il se trouve. N'est-ce pas le cas d'en appeler de Philippe ivre, à Philippe à jeûn ? L'interprétation et non la loi écrite, décide donc en fait. Par conséquent, pourquoi le *pouvoir* n'aurait-il pas le monopole de l'interprétation ? Et que reste-t-il donc d'autorité aux lois écrites, sitôt que l'interprétation peut si considérablement les tripoter ? Utopie donc que les lois.

3° Que signifie le système des lois écrites, si les lois ne sont pas connues des peuples ? Et comment concevoir que, chez les peuples, toute personne ait, jamais, connaissance de toutes les lois, dont elle est dans le cas d'encourir l'application ? Mais, qu'est-ce qu'une loi connue du juge seulement ;

Et dépendant de son interprétation ;

Et soumise à son arbitraire, moyennant les prétendus cas qu'il est libre de déclarer : *être imprévus dans le code ?* Utopie donc que les lois.

4° Ne peut-on pas dire aussi, que la délibération des lois devant le public, n'est pour les peuples qu'une semence de tempête. Utopie donc que les lois.

5° Que répondre à ceux qui ont soutenu, contre les législations résultant d'assemblées dites législatives, que ces lois ne sont, trop souvent et presque toujours, qu'une cohue de rédactions contradictoires? Utopie donc que les lois.

6° Comment satisfaire ceux qui ont prétendu que les lois coûtent, en proportion du nombreux personnel qui concourt à leur fabrique? Utopie donc que les lois, c'est la pensée de la loi du 1er avril 1837.

7° Enfin, pourquoi des lois? S'agit-il de terminer quelque différend entre divers particuliers; ou bien, s'agit-il d'une querelle du *pouvoir* avec quelqu'un du peuple? Dans l'une et l'autre occurrence, ne faut-il pas que le *pouvoir* reste *pouvoir*, et que le peuple demeure soumis au *pouvoir*? Pourquoi donc vouloir des lois qui restreignent le *pouvoir*, ou des lois qui font condamner les partisans du *pouvoir*, et au contraire qui font acquitter les ennemis du *pouvoir*? Toute loi qui, d'une manière ou d'autre, limite le *pouvoir*, et qui, devant le peuple, fait fléchir le *pouvoir*, est un élément de désordre. Utopie donc que les lois.

En conséquence,

Ainsi que l'a opéré si sagement la loi du 1er avril 1837, en donnant à cassation autorité dictatoriale, illimitée,

Qu'on en finisse avec (ce que, depuis long-temps, une sinistre anomalie de l'esprit humain, faisait appeler), la *législation*.

Pouvoir, il te faut des *juges*, et non pas des *lois*. Du moins, ce sont tes *volontés* qui doivent être les *seules lois*. Autrement, l'anarchie bouleverse le genre humain. La loi du 1er avril 1837 est donc bien faite.

La volonté du *pouvoir* doit être suprême; autrement il n'est pas *pouvoir*. Le régime de la bonne volonté, excepté, vous ne trouverez jamais rien, autre que le *pouvoir* souverain quand même; or, pour qu'il soit souverain, la volonté du *pouvoir* doit être exprimée, *au jour le jour*, par une décision non pas *légale*, mais *judiciaire*; vive donc la nouvelle cassation!

La volonté du *pouvoir* doit être motivée, non pas sur des principes généraux et abstraits, mais sur la nature des rapports que chaque fait peut avoir avec le *pouvoir*; différemment, chaque fait mine incessamment le *pouvoir*, jusqu'au moment que le *pouvoir* s'éboule dans l'anarchie; vive donc l'autorité dictatoriale de la nouvelle cour de cassation!

L'instrument judiciaire est le seul moyen par lequel le *pouvoir* puisse, en effet, diriger chaque fait, selon qu'il en a besoin, pour être *pouvoir* envers et contre tous. Oh! oui, réjouissons-nous de l'incomparable loi du 1er avril 1837 qui, si rondement, accomplit le grand œuvre; cassation! elle cassera qui faudra. Vive cassation et sa dictature sans borne!

Actuellement, c'est certain; le *pouvoir* réalisera, sans obstacle, tout ce qu'il voudra. Quels jours de paix, quel magnifique *ordre public* n'a-t-on pas à en attendre! vive donc la dictatoriale cassation!

Eh ! qui est ce qui pourrait, désormais, résister à la moindre pensée du *pouvoir* ? sitôt que, par la loi du 1er avril 1837, le *régime légal* est SUBORDONNÉ au *système judiciaire*. Vive donc la nouvelle cassation !

En vérité, l'idée de la loi du 1er avril 1837 est sublime. Tout être pensant doit en tressaillir, et donner ardemment son concours. L'institution doit être soutenue fortement, exécutée en entier, rendue commune à tous les pays du monde; il le faut, pour que l'esprit révolutionnaire soit aussitôt éteint partout et à toujours. Vive donc la nouvelle cassation !

Dans tous les cas, la loi du 1er avril 1837 est, pour le *pouvoir*, une bonne arme. Au pis aller, c'est au moins une chance excellente. On ne la détruira pas de sitôt. Sans doute le *pouvoir* saura s'en servir. C'est un être assez habile. Vive donc la nouvelle cassation !

Pourquoi le *pouvoir*, sans autre réserve que son intérêt, hésiterait-il d'user de la nouvelle méthode pour gouverner les peuples ?

D'abord, la constitution de la France l'admet ainsi. Voyez ordre posé en France page 30.

L'avenir des peuples et du *pouvoir* ne saurait, par conséquent, être douteux; à moins que (comme cela lui est naturel et ordinaire) le *pouvoir* veuille demeurer faible et bénin, et qu'il ne veuille pas faire de la loi, ce que cette loi, ainsi que toute la constitution et les besoins du pays, et encore les principes essentiels de tout *pouvoir*, l'engagent à faire. Tant pis, si la volonté manque au *pouvoir*, actuellement qu'il a tout le reste. Vive donc la nouvelle cassation !

Encore une fois. Pourquoi, le *pouvoir* n'userait-il pas, énergiquement, de la loi du 1er avril 1837? — La peur. — Peur! De quoi? — Indisposer les peuples. — Petits esprits! Avant tout, le peuple veut vivre, dans l'insouciance. C'est au *pouvoir* à profiter. Par exemple, qui a songé à la portée de la loi du 1er avril 1837, si le *pouvoir*, qui l'a conçue, n'y a pas pris garde? Au reste, il ne s'agit pas de s'en prendre, d'un seul coup, à la société toute entière. Il n'est question que de sévir, chaque jour, contre un citoyen isolé. On irait, ainsi, au bout du monde, sans qu'il veint, jamais, à l'idée de personne, de seulement concevoir l'apparence d'une objection.

En effet, qui songe à prendre part pour un individu? Le malheur d'autrui n'est rien, dans un pays où règne la ruse, la corruption, la stupidité, l'égoïsme? Vive donc la nouvelle cassation!

Oui, *pouvoir,* allez toujours. *Audaces fortuna juvat.* Chaque peuple est indifférent pour un autre peuple, autant que chaque personne est insouciante pour une autre personne. Il est même fréquent ne voir songer à autrui, que pour lui nuire. Chacun a ses ennemis, chez les égoïstes. Le *pouvoir* sera donc toujours soutenu, quand il s'appesantira sur quelqu'un. De tout temps on la vu : les peuples se font une réjouissance des spectacles sanglants, plutôt que de s'intéresser à la victime. La disposition des peuples ne saurait être, ni plus ferme chez eux, ni plus salutaire au *pouvoir*. Il ne reste qu'à en user. Cassation!

Que le *pouvoir* saisisse son ennemi un a un, chacun à part, seul, dans son isolement, par un arrêt judiciaire. Personne ne s'en appercevra; ou, si quelqu'un s'en avise, il le verra avec indifférence, comme on voit tout ce qui intéresse autrui. Cassation !

Que les canons restent dans les arsenaux ; que la force armée se déploye, seulement, les jours de grande parade, pour les feux de joie et d'artifice, pour les illuminations et les cortéges, etc., etc. La solennité enthousiasmera le monde ; et la paix sera ferme. Un gouvernement qui sait ce qu'il se fait, ne gouverne les masses, qu'avec des fêtes publiques, tandis qu'il contient les individus par des misères et des condamnations. Cassation !

Si on attaquait les peuples avec violence, ouvertement, en masse, on leur rappellerait : qu'ils sont solidaires les uns des autres. Certes, il n'est pas bon qu'ils le sachent. La solidarité des humains, c'est un secret qu'il faut réserver au *pouvoir*, afin que, de plus en plus, il s'applique : à diviser et à centraliser, pour régner dur. Cassation !

Tenez le pour certain. Le peuple est une machine impassible. Laissez-lui son apathie et ses jeux ; le diable s'il remue et s'il pense au *pouvoir*. Cassation !

En résumé, le peuple veut du pain. Dès qu'il a du pain, plus ou moins : copieux, facile, mangeable ; bon garçon, il se moque de tout ce qu'on peut lui dire, touchant l'autorité et les lois. L'état de tutelle et de minorité ; qui laisse les peuples dans l'insouciance, plaît aux peuples, infiniment plus, que toutes les constitutions qui les rendent majeurs, et qui leur imposent tant de droits civils, politiques et autres. Aussi tous les tribunaux de France, impassiblement, se sont laissés enlever leurs fonctions de jugeur. On a dit que c'était une *simple loi de procédure*. En effet, j'en ris, de crainte d'en pleurer. Avec de tels matériaux, je ne concevrai jamais, un pouvoir qui ne saurait pas être pouvoir. Que manque-t-il, sinon de l'énergie ?

L'instruction, la richesse, l'honneur, la famille, la religion, l'être en entier ; tout n'est-il pas aux mains du *pouvoir ? nutu tremefecit olympum*. Une bonne tête suffit, pour tenir et pour pousser toutes les marionnettes du monde. Cassation !

Le grand coup : c'est de diriger, fortement, les peuples vers le travail ; c'est de les fondre en sueurs ; c'est de les tenir de court et fort rude ; c'est de leur ôter, tant qu'il se peut, ce dont il peut se faire *quelque puissance*. Cassation !

Travailler, prendre de la peine, c'est le fond qui manque le moins ; c'est aussi le moyen d'avoir des populations paisibles. Cassation !

Quand les peuples sont bêtes de somme, machines à bâtir, à filer, à bêcher, à travailler de manière ou d'autre (pourvu que le travail soit dur et peu lucratif), la paix et l'ordre règnent partout. Que voulez-vous de plus ? Cassation !

De la joie ? La joie n'est que pour le pauvre. Si bien que le proverbe dit : *rire comme des pauvres* ;

et que, les soucis de la fortune, la perspective de la mort, la voix de la religion, disent : *vœ divitibus*, malédictions aux riches. Cassation !

De l'instruction ? Instruction de quoi ? Quelle instruction plus chimérique, que celle qui fait périr la société dans l'anarchie ; et qui précipite l'individu, d'abord dans la misère, puis dans le désespoir ! Ne vaut-il pas mieux bêcher, manger, et espérer au delà des tourments de cette courte vie ?

De la justice ? Qu'est-ce donc la justice, sinon l'ordre social ? mais, direz-vous, l'ordre social ne doit pas immoler l'individu. C'est comme qui prétendrait, qu'il faut gagner des batailles, sans avoir ni mort, ni blessé. Cassation !

Sacrifice ! N'est-ce pas, radicalement, la loi humanitaire, quand la bonne volonté manque ?

Le seul ennemi, que le *pouvoir*, quelque fois, serait dans le cas de voir surgir, c'est la pensée.

Ah ! la pensée ! elle ne vit que de science et de religion, la pensée. Soit donc alimenté un système qui bride science et religion. —A défaut, — que la zizanie couvre de confusion toute idée scientifique et religieuse ; alors, le pouvoir aura beau jeu. Science, instruction, école de l'état ; religion de l'état; censure de l'état en toute espèce d'objets ; qu'on ne manque pas d'y joindre *médecine de l'état* ; des peuples pauvres, ignorants, maladifs, et obligés de se ruiner pour se guérir, sont aisés à conduire.

De même, que le *pouvoir*, se garde d'une justice a bon marché.

Ainsi, (quoique la cour de cassation ait droit de juger tout, en législateur), il est bien que la loi du 1er avril 1837, ait conservé les longueurs onéreuses et accablantes de la justice. Un procès qui (pour être jugé, au bout, par le seul et dernier juge, sans égard obligé, ni à aucune loi, ni aux sentences rendues), se plaide, néanmoins, six fois ; coûte aux peuples, six fois plus de dépenses, de temps perdu, d'angoisses, de fatigues.

Cela remplit le trésor public. Cela dompte les fougueux citoyens. Cela tient le pouvoir *pouvoir*.

Le sujet est donc compris. L'ordre est assuré contre l'anarchie, avec la loi du 1er avril 1837. Toute personne sensée doit respect et appui à cette superbe loi. Que le *pouvoir* s'en serve sans tergiverser. Ordre public avant tout ; les peuples ne dussent-ils être que des momies. L'exemple du bien public convertira, soudain, l'univers au même régime. Et, une fois, nous respirerons, délivrés définitivement de votre monstre révolutionnaire. Vive donc cassation !

Voulez-vous, par précaution, prévoir le cas où, un jour, quelques turbulents se mettraient en tête, d'obtenir le rapport de l'excellent acte du 1er avril 1837. Mais le pourraient-ils ? Il suffit que les chambres législatives, à l'avenir, soient composées, en majorité, de fonctionnaires publics, de gens riches, de savants à parchemins, d'aristocrates de toutes espèces. Il suffit que le prolétariat, dans l'avenir, n'ait jamais une chambre à lui ; puis, dites-lui qu'il vienne ; moi je l'en défie. Cassation !

Voulez-vous, même, admettre la chûte de l'oligarchie ? Qu'est-ce que ça ferait à la loi du 1er avril 1837 ? Rien, selon moi. Manque-t-il des expédients et des combinaisons pour aller au même but, avec ou sans la loi du 1er avril 1837 ?

Philippe, roi de Macédoine, ne connaissait point, pour imprenable, une forteresse où pouvait arriver un mulet chargé d'or. Ceci doit prouver, surtout, que l'écrivain sait de l'histoire, autant que de bien d'autres choses, que l'université gouvernementale jette dans la tête de la jeunesse, comme si chaque tête était un sac à remplir. *Sublime magister dixit !* Au reste, voyez; si ce n'est pas là la profondeur de presque toute la science du jour, je vous paye à boire, car en ce siècle, ce qu'on aime bien, c'est manger et boire; on le préfère même à la plus petite pensée. Penser c'est lourd et ennuyeux. Enfin, il n'avance rien votre sot penser. L'homme qui pense est un animal dégradé. Rousseau, une des pagodes du siècle, n'a pas manqué de le dire; et sa parole n'a pas manqué de détourner beaucoup de gens du travail de penser. Soient donc à la santé de cassantes et statisticiennes gens, Rousseau et sa maxime; le casse qui voudra.

A coup sûr, on ne l'oubliera jamais plus. Pour le *pouvoir*, la question est de mettre la *puissance publique*, non dans la *loi*, mais dans le *juge*. A tout extrême, un seul président de tribunal bien choisi à l'avenir, pourrait plus, que toute pensée, ne sera jamais capable d'en concevoir, de tout ordre judiciaire passé et futur. Par exemple, que les décisions judiciaires viennent à porter sur des points non précisés, non émis aux débats, et dont le plaideur ne serait avisé qu'après le prononcé de la sentence, etc., etc.

En un mot, de quelque manière que l'on s'y prenne, je crois que le pouvoir, s'il se le met bien dans la tête, plutôt qu'on ne le lui mette dessus en paratonnerre, aura toujours moyen de faire vivre, en réalité, la loi du 1er avril 1837, quand bien même quelques étourdis vinssent à bout de la faire abroger *un jour*. Oui, l'abrogation pourrait n'être qu'une pasquinade, comme la France vieille et jeune en a déjà tant vues. Cassation !

§ 5.

Définition du pouvoir, pour l'intelligence, de la loi du 1er avril 1837.

Le pouvoir, c'est ce qui gouverne et n'est pas gouverné; c'est ce qui juge et n'est pas jugé; c'est ce juge auquel personne ne peut dire : *Vous avez erré.*

La souveraineté a des formes diverses assurément. A Constantinople, à Londres, chez les Cafres, sa façon de parler est différente; mais quand la souveraineté a émis son ordonnance, en un lieu ou dans un autre, le bill, le fetfa, la décision du Cafre, sont tout autant sans appel que l'est, en France, un arrêt de cassation depuis la loi du 1er avril 1837.

On sait que la décision du Cafre est relative à l'antropophagie ; tandis que la décision des autres souverainetés a pour objet, seulement, de faire des hommes ce que le pouvoir veut qu'il en advienne. Modération ! c'est admirable et même curieux.

De même l'on sait, qu'en France, *le pouvoir public* n'est que ce qui commande le public, et, probablement, la cour de cassation y est, POUR QUELQUE CHOSE, *dans ce qui commande le public.*

§ 6.

Ordre posé en France, par diverses lois, notamment celle du 1er avril 1837.

Selon l'art. 48 de la charte : « Toute justice émane « du roi. Elle s'administre par des juges qu'il nomme « et qu'il institue. » (On sait comment les juges sont payés par les lois du budjet. Explications plus tard). Selon la loi du 1er avril 1837 : « La cour « de cassation annulera toutes les décisions judi- « ciaires, tous les jugements et arrêts de tous les « tribunaux et de toutes les cours royales de France, « quand il lui paraîtra bon d'exercer cette cen- « sure. Puis le juge, auquel les renvois de la cour « de cassation viendront, se conformera à la décision « de cette cour. » Que n'établit-on, en chaque localité, un lecteur et un commis expéditionnaire, pour les arrêts de la cour dictatoriale ! Sauf interêt contraire du fisc et autres, ce serait fort à portée pour chacun, et préférable à la procédure suivante.

CURIOSITÉS

DU

MOUVEMENT SOCIAL.

3me LIVRAISON.

§ 7.

Procédure avec la loi du 1er avril 1837.

Dans les cas ordinaires, un même procès se plaidera, successivement : 1° En première instance ; — 2° en appel ; — 3° en cassation, 1er pourvoi ; — 4° en cour royale, loin du département du domicile du plaideur ;

5° En cassation, en audience dite solennelle des sections présumées réunies, où le sort de l'affaire sera décidé dictatorialement, sans égard obligé ni à aucune loi, ni à aucune sentence rendue ; et un tribunal subalterne sera chargé d'expédier l'affaire, en se conformant, sans réserve, à la décision de très haute et très cassante cour ;

6° Afin d'ajouter au compte des citoyens, et pour faire hommage à la magistrature, l'arrêt de 2me cassation (souverain pour la cause en laquelle il aura été prononcé, sans néanmoins faire aucune certitude de fixité pour toute autre cause semblable), renverra l'affaire, devant un sixième juge, en général, devant une cour dite royale, qui loin du département du domicile du plaideur, ne se sera point encore occupée de la cause ; or, à cette sixième apparition en justice, les sublimes fonctions de la magistrature consisteront à dire aux citoyens :

« La cour de cassation a décidé de vous, sans appel,

« de la manière que vous l'a appris l'arrêt signifié de « cassation. Vous êtes arrivés de si loin devant nous, « parce que l'on présume que vous êtes trop bornés, « pour pouvoir lire et comprendre la signification « de l'arrêt de cassation; que d'ailleurs, à portée de « votre domicile, aucun être ne peut se trouver pour « vous faire cette lecture; c'est nous qui, seuls, som- « mes *cornac* et *trucheman*, entre vous et la cour cen- « trale; oui simples truchemans nous sommes, aussi « nous ne jugeons pas, non certes à cause de notre « ineptie, ni de notre paresse, mais c'est que nous « sommes tenus de nous CONFORMER, sans réserve, au « droit décrété par la haute cour; décret que nul « humain, n'importe son esprit, ne saurait prévoir « jamais, puisque les décrets de 2me cassation vont « au jour le jour, au reste sans contrarier beaucoup « les arrêts de 1re cassation. Actuellement que nous « vous avons donné, sur le procès que l'on vous a « intenté, l'esprit du *pouvoir*, retournez chez vous; « allez exécuter; le *pouvoir* vous commande; il faut « que le *pouvoir* soit *pouvoir*. » Vous voyez à quoi vous sert de plaider six fois un même procès, dans les cas ordinaires, avec la loi du 1er avril 1837.

Dans les cas extraordinaires, qui sait ce que l'on fera? Qui sait quels procès et quelles sentences peuvent surgir avec la nouvelle méthode pour gouverner les peuples? Depuis la loi du 1er avril 1837, les renvois de 2me cassation n'arrivant plus aux chambres assemblées des cours royales, comme avec la loi du 30 juillet 1828 ; les renvois des sections réunies de cassation n'arrivant plus que devant une simple section des tribunaux subalternes, avec injonction *de se conformer*, sans réserve à l'arrêt cassateur ; il est certain que les cassantes sentences passeront incognito, que les tribunaux sont frappés d'interdit et taxés rudement de faillibilité, que les causes seront bien moins examinées, que l'on est peu exposé à voir la magistrature protester, soit contre la loi d'avril, soit contre les cassants et décrétants jugements. De même, les actes de la magistrature n'étant plus soumis au contrôle de la publicité et des débats parlementaires, pour les lois interprétatives comme avec la loi de 1828, il est certain qu'il n'est pas certain, jusqu'où iront les actes de la magistrature, avec la loi de 1837.

Où voyez vous: USQUE HUC?—Confiance.—J'entends. D'autres entendront aussi. Qui n'entendra pas? Depuis la loi du budjet jusqu'aux plus bêtes, probablement, tout entendra. A moins que nous n'en soyons à une épidémie de surdité. A moins qu'Esculape, malgré son éclectisme, y perdit sa chétive carte, comme en tant d'autres cas biens moins sérieux. A moins qu'en l'absence de la médecine de l'état et des médications légales, personne ne pût se traiter à sa guise. A moins que pour se guérir, d'après sa confiance, et échapper à la griffe soit de la médecine de l'état, soit de la haute cassation, on ne pût même trouver asile dans quelque coin de catacombes non encore éventées.

Toute question sociale se réduisant, pour chaque

personne, à une simple question judiciaire; s'il faut diriger chacun dans quelque but du *pouvoir*, la souple vitalité d'un juge législateur ne serait-elle pas mieux que la roideur cadavérique d'une loi écrite, interprétée avant les débats et avant la décision de chaque procès? Dans tous les cas cette question n'en vaut-elle pas une autre? Cassation!

§ 8.

Loi du 30 *juillet* 1828, *abrogée par la loi du* 1er *avril* 1837.

Les dispositions de la loi du 30 juillet 1828 étaient: « Quand la cour de cassation aurait annulé, itéra-« tivement, une sentence itérativement reproduite « en diverses cours royales, la cause aurait été por-« tée à une 3me cour royale qui, cette fois, aurait « délibéré, *toujours*, en audience solennelle de « toutes ses chambres assemblées. »

« En matière pénale, le dissentiment des tribu-« naux et cours, aurait été terminé, au pis aller, « par l'interprétation qui, de toutes celles adoptées « en la cause, aurait été la plus favorable aux pré-« venus. Cette clause fondée sur le motif, qu'il est « contre nature de sévir envers l'individu qui, s'il « n'est pas innocent, est au moins de bonne foi dans « son erreur, puisque, dans les diverses sentences « rendues en sa cause, il trouve des sentences qui,

« en l'absolvant, attestent que les juges eussent fait « le même acte pour lequel on le poursuit. Mais, la « loi de 1837 détruit cette garantie, et livre les ci- « toyens au seul terrorisme que, selon son idée, la « nouvelle cour de cassation sera libre d'adopter. »

« Si, en remplissant le mandat de terminer le con- « flit, et de dire définitivement justice aux citoyens, « les chambres assemblées des cours royales eussent « rendu un arrêt, quant à la doctrine, contraire « à l'opinion de 2me cassation, (avec la loi de 1828) « il aurait été adressé un référé au Roi sur l'affaire. »

« Le référé au Roi, n'eut point été, pour revenir « envers les personnes de cette même cause, et lors « jugées par le dernier juge investi, (sans égard aux « décisions rendues, faute du système des majorités.) »

« Mais, le référé eut été pour que, dans la pre- « mière session des chambres, ouvertes après la clô- « ture du procès, d'après les renseignements de « cette même cause, sous la forme ordinaire des « lois, relativement à l'objet de droit public, qui « aurait mis en dissentiment les divers degrés de la « magistrature, »

« Le pouvoir législatif, par une loi dite interpré- « tative, eut fixé le sens auquel la société aurait eu « à se rapporter et à se tenir désormais. »

La loi de 1837 détruit donc :

1°. l'interprétation la plus favorable aux prévenus en matière de pénalité, lorsqu'il y a dissentiment judiciaire; 2° l'examen des chambres assemblées de la cour royale saisie après 2e cassation ; 3° l'autorité des lois, des tribunaux et des cours ; 4° les débats parlementaires, pour une loi interprétative, qui, aux magistrats, aurait eu à demander compte de leur sentence ; 5° le principe que les lois doivent être interprétées avant ou après le procès ; jamais pendant leurs débats, ni à l'heure de leur jugement ; et que personne ne peut et ne doit interpréter la loi, si ce n'est celui qui la fait ; autrement, interpréter la loi, c'est la faire et la défaire, nonobstant tout législateur.

§ 9.

L'ordre que la loi de 1837 *ne donne point.*

Avec l'autorité que lui donne la loi d'avril, il n'est aucune sentence, que la cour de cassation ne puisse contraindre tous les tribunaux et toutes les cours de France, de rendre contre qui que ce soit, sans égard ni à aucune loi, ni à aucun principe, ni à aucune sentence quelconque.

Ce pouvoir est d'autant plus grave, qu'il ne s'exerce que lorsque plusieurs tribunaux et cours ont protesté, par des décisions itératives, contre les décrets de la cour dictatoriale.

Les lois ne pourront avoir quelqu'autorité, qu'autant que la nouvelle cour de cassation aura jugé convenable de l'ordonner.

La cour de cassation ne sera liée par aucun de ses arrêts.

Quand un procès sera fini, s'il plaisait à quelqu'un de le recommencer, personne ne pourrait trouver, hors du libre arbitre de la cour de cassation, un moyen soit pour l'arrêter, soit pour lui assurer le maintient de la première sentence.

Ainsi, jamais on ne pourra savoir à quoi s'en tenir, à l'égard d'aucun point de droit public.

Lors donc que la cour de cassation ne sera pas *infaillible*, la sentence sera tout ce que l'on voudra hormis de bien.

Et cette espèce de justice, pouvant s'exercer, de même, en chaque procès que l'on sera dans le cas de voir surgir, d'une manière ou d'autre, qui pourrait dire jusqu'à quel point peut aller, pour la société, le pouvoir de la cour suprême et sans limite ?

Mirabeau a dit : « Rien n'est redoutable comme une « oligarchie déclarée souveraine par une loi. L'his- « toire de tous les pays prouve que, plus tôt ou plus « tard, une pareille institution finit par envahir « tout. »

Assurément, cette parole n'avait pas besoin de recevoir la sanction que lui donnèrent, à si peu de distance, les événements.

La plus simple prévision de l'entendement, suffit pour apprécier le principe.

Au reste, chacun sait comment, peu après Mirabeau, une oligarchie devenue souveraine envahit tout ; comment ses ordres suprêmes effacèrent, bientôt, et les lois, et la nation, et le monarque.

§ 10.

Idée commune aux lois de 1828 *et* 1837.

La pensée dominante de ces deux lois, c'est de prévoir le cas où une *question de droit*, dans l'examen qu'en ont fait les divers degrés de la magistrature, n'a pû obtenir une *solution uniforme*.

Qu'est-ce donc une loi, sur le sens de laquelle les magistrats sont en dissentiment ?

Celà ne prouve-t-il pas que, de la part des humains, surtout s'ils sont affranchis de tout contrôle, des jugements infaillibles sont choses excessivement difficiles à obtenir ? Pourquoi donc de dictature ?

Le dissentiment des tribunaux ne serait-il pas de nature à amener de sérieuses améliorations dans les lois ? Pourquoi les étouffer en cassation ?

A quoi servirait de se fatiguer pour établir des lois et pour les conserver, si, dans l'application, les tribunaux étaient libres de ne point les suivre.

Les divers degrés de la magistrature, ne sont-ils pas pour obtenir une majorité de décisions qui, pour l'application des lois, corresponde à la majorité législative qui crée les lois ?

La charte dit :

Art. 16. Toute loi doit être discutée et votée librement par la majorité de chacune des deux chambres.

Art. 17. Si une proposition de loi a été rejetée par l'un des trois pouvoirs, elle ne pourra être représentée dans la même session.

Art. 18. Le Roi seul sanctionne et promulgue les lois.

Or, à quoi tout cet appareil, si, dans l'application, un seul tribunal avale tout? Majorité! chambres législatives! veto royal! divers degrés de la magistrature! que devenez-vous avec la nouvelle cassation.

§ 11.

Ancienne et nouvelle cour de cassation.

L'ancienne et la nouvelle cour de cassation, ne se ressemblent que par le nom; par le pouvoir, elles diffèrent du tout au tout.

L'ancienne cour de cassation était le résumé glorieux de la civilisation et une immense sauvegarde pour la société. Elle avait à rappeler, sans cesse leur devoir aux tribunaux. Son autorité était restreinte aux limites d'une puissance morale qui doit être incorruptible. Toute apparence de violence et de faiblesse, était exclue de son ressort. Elle était placée en dehors du cercle des humaines passions et des travers mondains. Elle était le grand lecteur et le haut conseiller de la loi. Elle était la raison impassible chargée de veiller à la conservation du droit public écrit. Si quelque doute, quelque difficulté, quelque question neuve surgissait; son rôle apparaissait encore plus magnifique. Sentinelle avancée, avant-garde, corps d'élite par rapport au pouvoir législatif, l'ancienne cour de cassation avait à transmettre les renseignements recueillis sur le doute, la difficulté, la question neuve qui exigeait l'intervention de la législature et les débats parlementaires.

Ainsi donc, avec l'ancienne cour de cassation, la société était sûre de vivre sous le règne des lois. C'est toute autre chose, avec la nouvelle cour de cassation.

Au lieu d'avoir à veiller à la conservation de la loi, et d'en être le lecteur, la cour de cassation, actuellement, a le droit de contrôler la loi, d'y opposer son veto, de lui enjoindre ses propres ordres.

La nouvelle cour de cassation n'admet point le recours à la législature, n'importe quelle nouvelle question de droit public il puisse survenir dans un procès; elle remplace le pouvoir législatif.

La nouvelle cour de cassation est en droit d'exercer, au-dessus de toutes les lois, un pouvoir illimité. Tous les tribunaux sont obligés de *se conformer*, sans réserve, à toutes sentences de la nouvelle cour de cassation, nulle limite contre ses décrets.

Toutes les lois sont supprimées, ou au moins suspendues, livrées à la discrétion de la nouvelle cour.

Le seul droit à suivre, envers et contre tous, sera décrété par arrêt de la nouvelle cour de cassation. Et, ces arrêts, comme s'ils émanaient d'un inépuisable protée, pourront différer entre eux à chaque cause. La société n'aura donc pas même la garantie d'une sentence qui, quand elle est rendue, *semel et semper*, une fois pour toutes, retient le juge à la considération des principes généraux.

La nouvelle cour de cassation peut, légalement, tout contre tous. Personne ne peut rien, légalement, pour se défendre envers son indéfinie suprématie.

La nouvelle cour de cassation peut tout, pour ou contre la France, pour ou contre les institutions du pays, pour ou contre la personne, les biens, le sort de chaque individu.

La nouvelle cour de cassation est investie de la plus absolue omnipotence. Contre cette autorité, nouvelle, inouïe, exhorbitante, indéterminée, il n'existe nulle part aucune garantie stipulée, aucune limite, aucune réserve. Tous droits, tous intérêts, toutes personnes, sont à la merci de ses arrêts souverains, sans révision aucune, sans frein quelconque. Aussi personne n'a encore osé attaquer cette effroyable et incroyable tyrannie, oui incroyable tyrannie. En 1837 !

La nouvelle cour de cassation n'est qu'un de ces juges législateurs que, dans certaines misérables sociétés, ou dans l'enfance de la société, la civilisation considère avec dégoût autant qu'avec effroi.

Abaissée au milieu des passions et des erreurs, réduite au rang subalterne d'un tribunal terroriste, la nouvelle cour de cassation aura à partager toutes les chances de méprises qui entourent les tribunaux humains. Quel moyen d'infaillibilité !

Puissance fâcheusement déchue, elle n'a plus à sa triste disposition que la force, et hideuse et effrayante, d'un arrêt dictatorial sans appel quelconque.

Son état de chûte, ne lui permet plus d'exposer

ses arrêts, à la révision des chambres assemblées d'une cour royale, ni à l'épreuve d'une loi interprétative. Elle ne promet pas même de garder fidèlement ses propres arrêts, de les reproduire avec identité dans les mêmes circonstances de droit, tant elle croit peu qu'elle les rendra bons. Où est donc la France? Curiosités du mouvement social! en 1837!

§ 12.

Les lois, les fonctionnaires publics, l'armée, les citoyens, devant la nouvelle cour de cassation.

Tandis que les arrêts de cassation sont, actuellement, les seuls actes souverains, en France; ne sont-ils pas effrayants? Voyez ces mots de leur clause finale :

« Mandons et ordonnons au juge saisi de notre « renvoi, de se conformer, sans réserve, à notre « sentence; enjoignons à tous fonctionnaires publics, « à tous agents de la force armée, à tout officier de « la puissance publique, de prêter main-forte, quand « ils seront requis pour assurer l'effet de notre déci- « sion. »

Quel être, quel officier public, n'aura-t-il pas à redouter de se voir susciter procès et arriver en cassante cour.

Les membres des chambres législatives mêmes, pourront-ils conserver toute l'indépendance de leurs opinions; n'auront-ils pas à craindre de se rencontrer en face de haute et cassante cour?

Conquassabit in terrâ capita multorum.

§ 13.

Les diverses dynasties devant la cour de cassation.

Diverses dynasties se querellent, en cette époque, sur le droit de faire porter aux nations, ce que la fable appelle : *le bât.*

Comment donc pouvait-il être utile d'ouvrir, aux contendants, la voie d'un arrêt sans frein et sans appel, de la nouvelle cour de cassation?

Pour détruire une dynastie ou un gouvernement, la nouvelle cour de cassation, en son pouvoir illimité, a toute faculté de s'y prendre, soit par une *démolition lente,* soit par une *action plus brusque.*

Est-ce par le discours suivant, que le ministère voudrait soutenir la nouvelle cour de cassation?

« Le gouvernement établi, est sûr de la nouvelle « cour de cassation, par la faculté qu'il a de choisir, « payer, mettre en retraite, approcher les membres « de la haute cour, etc. »

Quoi! coupables ministres, ce seraient là vos sentiments! au moins vous devriez les cacher.

Quelles seraient donc alors vos pensées, quand aux procès de tout genres, qui ainsi restent si menaçants pour les simples citoyens, sous le rapport des biens, des personnes, et de tout ce par quoi les humains sont passibles d'injustice. Niez, niez, niez.

Admettons qu'il n'y aura jamais personne, pour susciter des procès dans le seul but d'accabler des individus, par tout ce qu'il y a d'onéreux dans les procès. Admettons qu'il ne sera jamais intenté de procès mal fondés, qui bien que terminés, par une équitable sentence, n'en pèsent pas moins diversement et rudement sur les justiciables. Niez, niez, niez.

Mais considérons que dans les procès ordinaires, divers sens se présentent toujours au fond de la discussion. Un sens est favorable au gouvernement, un autre au fisc, un autre à la capitale, un autre à quelque aristocratie, un autre à tel ou tel système, un autre aux provinces, un autre au peuple, un autre à telle dynastie, etc. Eh bien, quel sens sera-t-il triomphant en cassation? qui sera enfoncé? la seule cour de cassation peut-elle offrir autant de garanties que 27 cours royales? Niez, niez, niez.

Remarquons qu'à chaque sentence, la cour de cassation est libre de son opinion, sans être jamais tenue de suivre un de ses avis précédents, pas plus qu'aucune loi. Niez, niez, niez.

Et si les sentences de cassation étaient contre le peuple? et si elles étaient contre les provinces? et si elles étaient contre le gouvernement? et si elles se mettaient à agiter la question des dynasties, etc. Niez, niez, niez.

CURIOSITÉS

DU

MOUVEMENT SOCIAL.

4me LIVRAISON.

§ 14.

Quelques questions principales sur la loi du 1er avril 1837.

La loi de 1837, augmente-t-elle les moyens déjà connus d'instruire les débats judiciaires, lorsqu'elle enlève l'examen libre du 6me juge saisi de la cause?

Prépare-t-elle quelque lumière, pour éclairer, désormais, mieux qu'autrefois, l'administration de la justice, la jurisprudence, la législation, la législature sur la confection des lois, lorsqu'elle enlève la loi interprétative?

Les chambres assemblées de la cour royale, avec la loi de 1828, en remplissant le mandat de terminer les dissentiments des tribunaux et de dire, définitivement, justice aux citoyens, ne peuvent-elles pas être dans le cas de revoir le procès, avec avantage, soit pour le fait particulier des plaideurs à juger, soit pour la jurisprudence en général, soit encore, pour la confection des lois dont, quelquefois, un conflit judiciaire peut donner l'idée?

La loi de 1837 améliore-t-elle de quelque chose, les inconvénients, les frais, les peines, les chances, les angoisses, les longueurs qui, jusqu'à ce jour, étaient à la charge des citoyens et inséparables d'un procès? Sous quel point de vue y a-t-il profit, sur la loi de 1828, de plaider six fois un même procès, avec la loi de 1837?

Pourquoi, (avec la loi de 1837, qui interdit l'examen libre du magistrat chargé d'expédier l'affaire, conformément à l'arrêt de 2me cassation,) oblige-t-on les plaideurs à aller chercher loin de leur résidence, *le mot d'exécution* de la sentence de la haute cour qui les a frappés à Paris ?

Que n'établit-on en chaque commune, un commis expéditionnaire des arrêts de la suprême cour ?

Si la cour de cassation, d'après la loi de 1837, est un tribunal doué de ce qui, partout, manque aux humains ; de cette infaillibilité que, partout, l'on recherche avec autant d'ardeur que d'illusion, les justiciables n'ont-ils pas droit et raison de demander qu'on les laisse arriver, de suite, auprès du *souverain juge législateur indéfectible*, sitôt que lui seul, à l'abri des vicissitudes humaines, juge au bout, tous les procès quels qu'ils soient, même quand aucune loi n'en dit rien.

Plusieurs idées sont à considérer sur ce point :

Avec la loi de 1837, si non tous les tribunaux, du moins les cours royales ne peuvent plus représenter : *qu'un hors d'œuvre actuel, une complication seulement onéreuse, une ex-valeur, une véritable momie, un pur débris d'une organisation usée avec l'époque qui l'employa.*

La Franche suppression des cours royales, pourrait donner d'importantes ressources à certains chapitres du ministère des finances, plus ou moins patriotiques, utiles à la société, favorables au progrès de la civilisation, avantageux aux pouvoir, etc.

La FRANCHE suppression des cours et tribunaux subalternes, serait de nature à procurer aux justiciables, des économies d'une immense valeur, quant à argent, temps perdu, longueurs, fatigues, anxiétés, chances, etc., etc.

Alors, les plaideurs n'auraient plus à stationner, si fâcheusement, en ces diverses situations, dites : *divers degrès de l'ordre judiciaire*, mais qui, en réalité, sont aussi nombreuses et aussi fatigantes que nulles au fond, puisque, au bout, UN GRAND ÊTRE vous les efface, à ne plus pouvoir seulement vous douter de leur existence, sauf ce qu'elles vous ont coûté.

Or, que l'on supprime, *plus ou moins franchement*, les cours et les tribunaux subalternes, la capitale n'en est pas moins, en entier et souverainement, la capitale. C'est son esprit qui, sans limite, réglementera désormais les provinces. Tout le barreau, toutes les plaidoiries, toutes les décisions judiciaires sont réellement concentrées à Paris. C'est un colossal centre d'animation et de gouvernement, etc.

Répondrez-vous : il est utile que les provinces aient la délibération d'où, ensuite, Paris puisse prendre pour sa décision souveraine ?

Craignez le souvenir ou la parodie de l'histoire, sur la distinction de la délibération et de la décision.

Quand, sur une question de droit, les tribunaux ont prononcé itérativement, et que la majorité des décisions est contraire à l'opinion de la cour de cassation, sauf l'intervention du pouvoir législatif pour l'avenir de la loi, de quel côté, généralement, faut-il présumer que se trouve, le mieux, le sens et l'intérêt que la société trouve à la loi?

La loi de 1837, institue-t-elle quelque garantie qui, dans l'avenir, mieux que dans le passé, assure l'administration de la *justice selon la loi*; telle que cette loi a été conçue, écrite, conservée par la pensée générale de la société qui, seule, est appelée à instituer et à maintenir la loi, par et pour la société?

La loi est écrite, uniquement, pour régler, sans *passion journalière*, les rapports et les contestations qui sont susceptibles d'advenir, dans la société, soit de citoyens à citoyens, soit de citoyens et quelque partie du pouvoir public.

Pourquoi donc, laisser la décision, au seul pouvoir, par la voie de l'unique cour de cassation?

Puisque la loi, en créant divers dégrès dans la magistrature, émet l'idée qu'une cause n'est bien jugée, que quand elle a traversé ces divers dégrès; pourquoi, l'arbitraire de la cour de cassation suffit-il pour ôter aux citoyens, la suite des épreuves que la loi juge nécessaires à l'obtention d'une bonne sentence? Cette succession ne devrait pouvoir être arrêtée que par le terme (avec majorité des juges), ou bien par la volontaire détermination des parties en procès.

La loi de 1837 représente, principalement, la pensée que toutes les cours royales se trompaient, si non toujours, du moins trop souvent.

Pourquoi, ne pas laisser les citoyens, aller droit au

juge infaillible, et leur faire supporter les conséquences des erreurs des juges intermédiaires ? La cour de cassation peut-elle se dire infaillible ? la loi de 1837 lui donne-t-elle le moyen de le devenir autant qu'elle la rend suprême ?

Pour nous, il nous est impossible de nous faire à l'idée que la cour de cassation soit infaillible. Personne ne nous paraît moins infaillible, que quiconque veut être infaillible, envers et contre tous, par ses seules lumières d'homme. Notre pensée intime est que la nouvelle cour de cassion, elle-même, croit comme nous, qu'elle n'est pas infaillible ; les meilleures intentions ne suffisent pas, pour préserver de l'erreur, les humains livrés à leur seule puissance ; la puissance soûle l'homme ; il n'est pas de vin plus énivrant que le pouvoir et la prospérité.

Pourquoi contraindre les tribunaux et cours subalternes, de se conformer à la décision de la haute cour ? est-ce pour les cas où, d'eux-mêmes, les magistrats inférieurs se conformaient au dire du grand juge ? est-ce pour les cas où, de la libre sentence des tribunaux et cours secondaires, il résultait soit des acquittements, soit des atténuations de peine ? est-ce pour le cas où un conflit judiciaire donnait lieu à quelque bon recours aux chambres législatives, soit sur la manière dont la magistrature exerçait son mandat, soit sur une idée susceptible de procurer quelque amélioration pour le droit public ?

Quelle unité manquait aux lois et à la jurisprudence

avec la loi de 1828, qui exigeait des lois interprétatives à chaque conflit judiciaire? quelle unité, donne aux lois et à la jurisprudence, la loi de 1837 qui laisse la cour de cassation libre de changer de doctrine à chaque sentence, nonobstant toutes protestations des tribunaux et des cours royales; et qui laisse les tribunaux et cours subalternes libres de juger, à leur guise, toutes les fois qu'il n'y aura ni pourvoi ni renvoi de cassation?

Que dire, que faire, quand les arrêts et décrets de cassation, donneront lieu à un conflit d'interprétation? Un texte de loi cause diverses interprétations, pourquoi un texte d'arrêt rendrait-il impossible les interprétations diverses? Et si les tribunaux subalternes s'attachaient exprès à trouver divers sens dans les arrêts cassateurs, et si les tribunaux ne jugeaient qu'en fait désormais; et si, etc., etc.

Gâchis, gâchis; machine infernale contre la société et contre les lois. Quelqu'un, plus madré que les autres, aurait-il donc inventé la loi du 1er avril 1837, pour tenir à sa main le gouvernement de la France? Et la France entière n'y a vu goutte! Curiosité du mouvement social! nous voilà donc revenus au temps, où il était en usage de dire: *Dieu nous garde de l'équité, de l'infaillibilité du parlement!* Parlement, oui; la cour de cassation est, d'après la loi du 1er avril 1837, le *parlement suprême de la France*, et elle en est le *législateur seul réel*, et tous les tribunaux et toute la force armée sont à ses ordres pour l'*exécution de sa sentence dictatoriale.* Et la France entière n'y a rien vu ! Curiosité du mouvement social ! où, jamais, plus grande curiosité ! éclectique !

Quelle est la chose la plus surprenante ? est-ce l'inpudeur du pouvoir ? Est-ce la bonhomie du peuple ? Curiosité du mouvement social ! Curiosité par excellence ! Cassation de cassation ! Sublime cassation ! Prodige de la France ! Quelle tête ! mais la cervelle ? Curiosité du mouvement social ! Où est donc la France ?

Qui eut imaginé, il y a quelques années, que la France fut capable de descendre, en si peu de temps, au régime dictatorial, au système des jugements sans la loi ? Curiosité du mouvement social ! statistique !

La loi du 1er avril 1837 ne peut se comparer, qu'à une entreprise d'une aristocratie, contre la masse de la société et contre chacun de ses membres ; c'est une loi diabolique ; c'est une machine infernale ; c'est une nouvelle forme, très odieuse, de la vieille tyrannie de l'homme sur l'homme. Curiosités du mouvement social ! Où est donc la France ? Vraiment, il y a au-dessus de toute expression, de voir le sujet en examen, dans la France de 1837.

Si donc, ni sérieux ni risible
Vous touche,
Pour mouche,
Vous serez là, pâture paisible ;

Mais, je n'en suis pas la cause. Curiosités du mouvement social ! aussi, je n'ai pas manqué de vous planter : curiosités du mouvement social, avec comédie et couplet au bout ! C'est curiosité, au grand complet ! où, jamais, plus grande curiosité ! Cassation !

§ 15.

Conjectures sur la loi du 1er avril 1837.

Naturel que pour réussir, la pensée invisible qu a imaginé la loi du 1er avril 1837, ait mis en faveur de nombreux mensonges, sur le compte de l'effroyable dictature de la nouvelle cour de cassation.

Reste donc aux esprits, qui peuvent être encore capables d'un libre examen, à revenir sur le crédit de cette dictature, pour en peser mûrement la portée.

On a dit que la loi du 1er avril 1837 était une *simple loi de procédure*, et qu'elle n'avait pour objet que de pourvoir au besoin d'assurer l'unité de la jurisprudence. Moi, je dis : c'est l'indéfinie élasticité de la jurisprudence, et autres choses qui ont à résulter de cette loi. Du moins, voici mes conjectures.

1° *La loi du 1er avril 1837, ne serait* NI PLUS NI MOINS *que ce qu'elle est, si elle avait été produite par l'idée de* : Constituer, à Paris, pour tout le royaume, un comité central, une commission spéciale, un parlement suprême, une dictature, un juge législateur, avec indéfini privilége de juger, seul, souverainement, selon les notions spontanées ou inspirées de sa tête, sans appel, sans révision, sans égard ni pour loi, ni pour sentence rendue, ni pour principe quelconque, tous les procès, de toutes espèces que, par l'effet de diverses manœuvres, sans garantie pour nulle personne, nul bien, nul droit, nul intérêt, nulle existence, l'on peut voir surgir, plus tôt ou plus tard, sur tous les points de la France, contre qui que ce soit, contre tout venant, contre quiconque il y aurait, ici ou là et n'importe lequel, quelque motif d'entreprendre des attaques judiciaires ;

2° *La loi du 1er avril 1837, ne serait* NI PLUS NI MOINS *que ce qu'elle est, si elle avait été produite par l'idée de* : Livrer l'issue de tout procès et toute l'autorité des lois, aux risques d'une insatiable centralisation, aux chances diverses d'une puissance, non seulement sans barrière aucune, mais encore presque trop facilement exposée, par une très grande proximité, à rendre d'autres pouvoirs non moins redoutables ;

3° *La loi du 1er avril 1837, ne serait* NI PLUS NI MOINS *que ce qu'elle est, si elle avait été produite par l'idée de* : Délaisser, sans le contrôle de la publicité, sans la révision des chambres assemblées des cours royales, sans l'inspection des chambres législatives, ce qui autrefois s'appellait, dans la société, l'application des lois et l'administration de la justice;

4° *La loi du 1er avril 1837, ne serait* NI PLUS NI MOINS *que ce qu'elle est, si elle avait été produite par l'idée de* : Eteindre, dans une dictature sans appel, les conflits judiciaires qui étaient susceptibles d'aboutir, tantôt à de sages lois d'interprétation, tantôt à de nouvelles lois de progrès, tantôt à des précautions nouvelles contre certaines sortes de poursuites, tantôt au triomphe de certains acquittements ou de certaines atténuations de peines ;

5° *La loi du* 1er *avril* 1837, *ne serait* NI PLUS NI MOINS *que ce qu'elle est, si elle avait été produite par l'idée de* : Poser un principe capable de permettre, à l'insçu du public, et de plus en plus, d'amoindrir les garanties que l'on doit avoir autant pour la société, que pour chacun de ses membres, soit dans les lois écrites, soit dans les représentations nationales;

6° *La loi du* 1er *avril* 1837, *ne serait* NI PLUS NI MOINS *que ce qu'elle est, si elle avait été produite par l'idée de* : Restreindre le principe des représentations nationales; diminuer leur sphère; discréditer leurs travaux législatifs, en disant contre elles, qu'elles ne sont pas à même de produire les lois qui conviennent à la France, notamment, des lois claires, d'une sûre application et de saines lois interprétatives;

7° *La loi du* 1er *avril* 1837, *ne serait* NI PLUS NI MOINS *que ce qu'elle est, si elle avait été produite par l'idée de* : Charger le pouvoir judiciaire du soin de faire les lois, de plus en plus; et, dans la même proportion, de ne reconnaître, par degrés, aux chambres législatives, que la capacité de voter des budgets de confiance, ou de tenir certaines audiences de vraie nanature judiciaire;

8° *La loi du* 1er *avril* 1837, *ne serait* NI PLUS NI MOINS *que ce qu'elle est, si elle avait été produite par l'idée de* : Changer, insensiblement, par de simples arrêts judiciaires, toutes lois, constitution et institution de la France;

9° *La loi du* 1er *avril* 1837, *ne serait* NI PLUS NI MOINS *que ce qu'elle est, si elle avait été produite par l'idée de* : Faire rétrograder la France de la civilisation, à la barbarie; de la légalité, aux dictatures; du règne du principe d'examen et de révision, à l'empire fanatique du principe d'autorité; des jugements selon des lois antérieurement écrites, aux décisions dites d'équité de juge;

10° *La loi du 1er avril* 1837, *ne serait* NI PLUS NI MOINS *que ce qu'elle est, si elle avait été produite par l'idée de* : Donner autorité aux arrêts de cassation, en les rendant obligatoires par force, soit faute de pouvoir attendre leur triomphe, à l'avenir, de leur mérite moral, soit faute de pouvoir se fier, désormais, à l'équité, aux lumières de tous les tribunaux de la France, autre que celui de cassation;

11° *La loi du 1er avril* 1837, *ne serait* NI PLUS NI MOINS *que ce qu'elle est, si elle avait été produite par l'idée de* : Créer une dictature sans frein, libre de faire, judiciairement, plus que ses quatre volontés; tandis qu'au même endroit, jusqu'alors, pour la gloire de la civilisation, pour le bien et pour l'honneur de la France, il existait le chef d'œuvre des institutions, cette cour de cassation si admirable, autrefois, quand en dehors du cercle des passions humaines, elle n'avait à exercer que le sublime rôle de raison impassible, fonctionnant, incorruptiblement, en haut conseiller de la loi, en Mentor moral de tous les tribunaux du royaume;

12° *La loi du 1er avril* 1837, *ne serait* NI PLUS NI MOINS *que ce qu'elle est, si elle avait été produite par l'idée de* : Hasarder, sur l'organisation sociale, quelque tentative nouvelle, en affranchissant la cour, désormais souveraine, de la révision dont avec la loi du 30 juillet 1828, ses arrêts étaient passibles, soit par devant le législateur lors des lois d'interprétation, soit par devant les chambres assemblées des cours royales, lors chargées de finir les conflits judiciaires, pour les procès pendants, et en disant définitivement justice aux citoyens;

13° *La loi du 1er avril 1837, ne serait* NI PLUS NI MOINS *que ce qu'elle est, si elle avait été produite par l'idée de* : Taxer les cours royales d'incapacité, les frapper d'interdit; dire qu'elles sont trop ineptes, pour que leurs décisions puissent fonder une saine jurisprudence, quoique les décisions qui sortaient triomphantes des cours royales fussent contrôlées de toutes manières, au point d'être revues par six fois comme avec la loi de 1837, d'ailleurs, quant à l'avenir de la loi, soumises à la révision ultérieure du pouvoir législatif, dans le cas où elles restaient en dissentiment avec l'opinion de la cour de cassation;

14° *La loi du 1er avril 1837 ne serait* NI PLUS NI MOINS, *que ce qu'elle est, si elle avait été produite par l'idée de* : Habituer les citoyens à regarder, dès à présent, les cours royales, comme débris périssables d'une institution usée avec le temps qui l'employa à ses besoins;

15° *La loi du 1er avril 1837, ne serait* NI PLUS NI

MOINS *que ce qu'elle est, si elle avait été produite par l'idée de* : Préparer, par la *suppression graduée* des cours royales, d'utiles ressources au ministère qui jamais, n'en n'a trop, vû ses chapitres pour fonds, plus ou moins secrets, et pour gratifications nationales, et pour apanages patriotiques, et pour mille éventualités avantageuses à la civilisation des peuples, etc., etc.;

16° *La loi du* 1er *avril* 1837, *ne serait* NI PLUS NI MOINS *que ce qu'elle est, si elle avait été produite par l'idée de* : Concentrer à Paris le pouvoir et le barreau; faire juger tout procès dans le sens de la capitale, du fisc, et du pouvoir; avoir un moyen de sévir, indépendamment de toute loi, contre quiconque serait dans le cas de déplaire à Paris, à...., ou à.... etc. Battre monnaie, lever des impôts, au moyen d'abondantes poursuites et condamnations judiciaires; rendre inutiles, les débats aux chambres législatives, en y suppléant par la paisible aptitude de la cour de cassation à prononcer, convenablement, sur chaque procès; diminuer le pouvoir des chambres, notamment quant au vote du budjet, en livrant chaque député, par exemple, à la merci des arrêts de la cour de cassation, etc., etc.;

17° *La loi du* 1er *avril* 1837, *ne serait* NI PLUS NI MOINS *que ce qu'elle est, si elle avait été produite par l'idée de* : Déconsidérer toute notion législative, en présentant les lois écrites comme des cadavres trop roides, qu'il y aurait lieu de remplacer, avec avantage, par la souple vitalité d'un juge législateur, chargé, ainsi, de *juger d'équité*, et non d'après la disposition préexistante d'une législation, dont la lettre morte et fixe, se plie peu à la mobilité des choses humaines, etc., etc. Eclectisme, statistique!... ...Que dire de ces conjectures? Ma pensée, c'est que rien n'est impossible, quand un principe est posé dans une loi. L'expérience de tous les peuple, et notamment l'histoire de France, a prouvé assez, ce me semble, qu'il n'est rien de politiquement impossible. Le seul fait de l'avénement de la loi du 1er avril 1837, est une preuve fort cathégorique, fort péremptoire, de la grande possibilité et facilité qu'il y a d'exécuter, en politique, bien au delà de la plus féconde imagination. Comptez combien, depuis un demi-siècle, il s'est accompli d'événements qui, assurément, devaient être considérés comme impossibles par nos pères. Etrange progrès, que la loi du 1er avril 1837!

En définitive; de quelle garantie, de quelle lumière, avec la loi du 1er avril 1837, la société se trouve-t-elle protégée sûrement, contre toutes les erreurs, toutes les méprises et surprises, toutes les anomalies, toutes les forfaitures, tous les crimes dont un pouvoir dictatorial, indéfiniment suprême, d'un souverain juge législateur peut désoler, tot ou tard, la société sur laquelle il est en droit d'exercer ses attributions, en s'attaquant, successivement, et sans la sauve garde d'un éclat public, à chaque personne, à chaque bien, à chaque droit, à chaque intérêt, à chaque existence? les meilleures intentions ne suffisent pas.

CURIOSITÉS

DU

MOUVEMENT SOCIAL.

5me LIVRAISON.

§ 16.

Résumé très grave pour la législation, et relatif à la situation des esprits qui a causé la loi du 1er avril 1837.

Chacun dormait tranquille, sous la protection de la loi. On trouvait très doux et fort commode, que sans en avoir soi-même la peine, un législateur eût été assez bon homme, pour se sacrifier à construire, fixer, établir le code des droits, la règle des intérêts de tous et de chacun.

C'est pourquoi, en général, on ne s'occupait pas de s'instruire de la loi. On disait : la loi, c'est la raison écrite. Donc, je n'ai qu'à suivre la raison, pour n'avoir point à m'inquiéter de la loi.

S'il advenait, par fois, quelque procès ; on raisonnait encore de même. On disait : la loi est là, je n'ai rien à craindre. Au surplus, les jurisconsultes et les tribunaux me donnent leur appui. Donc, je n'ai à me livrer à aucune étude personnelle au sujet de la loi.

En cet état, il était inévitable que la notion législative s'affaiblit, généralement, chez tous. Ce n'est pas assez, logiquement, la notion législative devait s'éteindre, sitôt qu'on ne la cultivait pas avec soin.

C'est ce qui est arrivé. La force logique de ce laisser-aller, de tous et de chacun, relativement aux lois, a produit la loi du 1er avril 1837, qui attribue à la nouvelle cour de cassation le pouvoir de juger sans la loi.

Par conséquent, impossible de compter désormais, ni sur les lois, ni sur les tribunaux, ni sur les jurisconsultes. La nouvelle cour de cassation est, pour la France : législateur, dictateur, arbitre, parlement souverain-suprême-unique. Pour tous et pour chacun, le droit civil, commercial, criminel, administratif, répressif, etc., n'est plus qu'un arrêt de cassation. Et, à chaque arrêt, cassation est libre de prononcer à sa guise. Et, jamais, arrêt ou décret de cassation, qui pose certitude de fixité pour les cas semblables. Et, ni limite, ni frein, ni garantie stipulée, pour protéger les citoyens. Par quel accident (d'idée, d'impression, d'inspiration, d'influence, de digestion, de sentiment quelconque) cassation sera-t-elle déterminée en ces décrets sans appel et sans révision aucune ? réponde, ou plutôt, sauve qui peut !

Qu'est-il, que la France puisse envier à la plus hideuse barbarie ? Le code si court et si clair de l'Asie et de l'Afrique, va-t-il plus loin que la loi du 1er avril 1837 ?

Sous le nouveau mode de gouvernement, que la loi du 1er avril 1837 pose en France, à quelle idée de sécurité s'arrêtera-t-on, pour se promettre quelque sécurité ? (Voir, pour exemples de cassation, Table 6e livraison).

A l'appui de la loi du 1er avril 1837. On dit :

« Que la multiplicité des lois, est un grand mal ;

« Que moins il y aura de lois, plus la législation sera bonne et la société heureuse ;

« Que les véritables lois existent partout, avec pureté, avec intégrité, excepté dans les codes écrits ;

« Que le dépôt des lois doit être confié, non à l'écriture, mais à une raison calme; que la loi écrite est une lettre morte, dont la roideur contraste mal avec la mobilité des affaires humaines;

« Que l'abus de l'écriture, pour les lois et pour leurs commentaires, est parvenu à son comble, et qu'il faut y mettre un terme;

« Qu'il est, qu'il doit y avoir des cas, où il faut *juger sans la loi*, sans loi précise et antérieure, sans principe qui soit sûrement fixe pour avant, pendant, après les débats judiciaires;

« Que les lois, en ne s'expliquant qu'en termes généraux, ne peuvent régler que vaguement les affaires sociales; que pour les détails, il doit être réservé aux tribunaux d'y statuer selon l'exigence des cas; et que ce pouvoir doit être monopolisé en la seule cour de cassation; que la cour de cassation, siégeant à Paris, côte à côte avec le gouvernement, doit pouvoir suppléer par sa jurisprudence, à l'insuffisance de la loi; que c'est à cette jurisprudence gouvernementale qu'il faut recourir, afin de déterminer la saine application des lois, dont autrement les dispositions ne sont que des hypothèses trop générales, trop en l'air, trop incomplètes, trop insuffisantes pour le mouvement social;

« Que le *pouvoir de juger sans la loi*, est une arme dont le gouvernement a besoin pour arriver à ses fins; que le gouvernement ne s'en servira, jamais, que dans l'intérêt du bien, de l'équité, de la justice.

Nous répondons :

Y aura-t-il moins de lois, quand *chaque* décision judiciaire pourra être une loi différente ?

Si une loi, écrite antérieurement au fait à juger, est mauvaise ; si le législateur est fautif, lui qui prononce sur un principe séparé des passions et du trouble qui agitent chaque affaire ; comment l'idée instantanée, fugitive, d'un juge législateur, ému par l'agitation de la circonstance, sera-t-elle meilleure ?

Puisque l'esprit humain est porté à se déborder contre la loi, comment sera-t-il plus retenu, quand on l'aura affranchi de la barrière de la loi écrite ? Il n'y a pas de société possible, sans *loi écrite* et observée. La décision sans loi écrite, c'est la discrétion du juge ; vainement l'appellerez-vous : *juge d'équité*. La *discrétion du juge*, c'est la plus redoutable source des malheurs publics ; les Savoyards, lors de la conquête de François Ier, l'on dit avec beaucoup de sens.

On fait écrire la *loi*, afin que le fait en litige, ne soit point jugé par l'*idée versatile du moment* ; afin que le citoyen ne soit point à la merci et à la *discrétion d'un homme.*

Quelque mauvaise que soit la *loi écrite*, elle ne s'applique que quand elle a été (si non connue), du moins, quand elle a été *mise à l'abri de la passion du pouvoir et des erreurs du juge.*

Il ne faut pas confondre le juge et le législateur.

Le législateur est pour discuter la *raison d'être* de chaque loi, et pour lui donner ou lui ôter autorité.

Le juge n'a qu'à être *simple lecteur de la loi*; il n'a point à la commenter, autrement il la changerait à chaque bonne ou mauvaise digestion; il ne peut avoir qu'à se tenir à la lettre de la loi, et ne la modifier que pour *adoucir les peines*.

Enfin, en admettant qu'il est des cas où il y a lieu de *juger sans la loi*, il faut distiguer, (sous peine de voir trop facilement *juger sans la loi*) : 1° le juge qui prononcerait la nécessité de sortir du texte légal; 2° le juge qui arbitrerait sur le fait non réglé par la loi.

Ne serait-il pas bien (quand la magistrature aurait déclaré, sur un cas, qu'il n'est pas prévu dans la loi écrite), que les plaideurs fussent renvoyés, à leur choix, soit à transaction, soit à arbitre; à défaut, dans un délai fixé, être soumis à la sentence du tribunal, seul cas pour juger sans la loi ou d'équité?

§ 17.

Probabilités sur la durée de la loi du 1er avril 1837.

Il est naturel qne l'on se demande : quels moyens, quelles causes de mal ou de bien, pour tous et pour chacun, le mouvement social comporte aujourd'hui? au reste, les humains ont deux voies pour s'éclairer, savoir : ou la faculté de prévision, ou l'expérience.

La loi du 1er avril 1837, est une œuvre politique des plus extraordinaires. C'est tout ce qu'il se peut concevoir pour caractériser le règne de la force, de la ruse, de la corruption. C'est un fruit des trames, des engeances, des castes aristocratiques.

En se développant, progressivement, pour chacun, la loi du 1er avril 1837 atteindra tout le monde. Ainsi, elle remuera les paisibles endormis, elle guérira, fort topiquement, l'aveugle sécurité, l'indifférence, l'apathie, la stupeur, les opinions quand même. Vous êtes libres d'attendre votre tour de sacrifice; vous ne serez pas libres de l'éviter quand l'heure de le subir sera venue. Demandez à ceux que cette loi a déjà touchés, comment elle arrange ceux qui arrivent sous son pouvoir. *Exemples : Table* 6e *livraison.*

Pourquoi attendre la réalisation du principe de cette institution incroyable? Pourquoi se livrer aux coups de la tyrannie qui, tôt ou tard, viendront atteindre chacun, dans tout ce qui peut lui faire attacher quelque prix à l'existence?

Le seul moyen qui reste pour se garantir, c'est de travailler au rétablissement du règne des lois, règne détruit par l'acte politique du 1er avril 1837.

Qu'en sera-t-il? La léthargie de la France cessera-t-elle bientôt? le droit prévaudra-t-il sur l'aveugle sécurité, sur la torpeur, les opinions quand même? La loi du 1er avril 1837, ne contient-elle pas assez, pour éveiller les paisibles endormis; pour contraindre la conscience publique de s'enquérir, soigneusement, des principes essentiels sur lesquels, bon gré mal gré, toutes les organisations sociales pivotent?

Dans cet esprit, nous écrivons en vue de ceux qui

peuvent avoir l'idée de prévenir, par l'étude de l'objet, le mal que peut et que doit causer, à tous et à chacun, la loi du 1er avril 1837, toutes les fois que cette loi recevra entière, naturelle, directe, si inévitablement possible, si généralement immanquable exécution.

Direz-vous, est-il possible de s'en défaire? Ce point de vue exige de rappeler l'immense différence qui distingue les diverses espèces de gouvernement.

Les états sont aristocrates ou démocrates. L'aristocratie ne subsiste que par le mépris de l'équité et par les sacrifices des peuples. L'humanité est une pâture de quelques maîtres, là où les peuples sont la propriété d'une caste; les lois y sont des volontés arbitraires, et non pas des principes moraux. Equité, égalité, c'est synonyme pour la morale. Dans les états aristocratiques, les peuples ont à subir le joug, sans pouvoir ni réclamer sur les vices des lois, ni s'occuper de leur amélioration. Les lois sont donc alors indestructibles; ou si, néanmoins, de loin en loin, quelque loi s'améliore, ce fait est très restreint, et il ne s'opère que par l'effet de quelque force étrangère, quand il en survient de propice, ce qui n'arrive que par dérogation au principe de l'état.

Il en est autrement pour les pays démocratiques. Les mauvaises lois ne peuvent y être que des événements passagers. Plus une loi est mauvaise, plus elle indispose de monde. Par-là, elle porte plus de gens à l'étudier. Il en résulte, plus tôt, un plus grand nombre de voix qui renversent la loi malfaisante, inhumaine, injuste. L'intervalle d'une session à l'autre des représentations nationales, suffit souvent pour arriver à l'abrogation d'une loi mauvaise qui, sous un gouvernement de caste, eût sacrifié plusieurs générations à son empire, sans pouvoir se plaindre.

Par conséquent, en France, il est rationnel de le croire; un temps nouveau viendra; la loi du 1er avril 1837 passera, comme une de ces anomalies momentanées, auxquelles l'humanité est sujette; mais dont il lui a été donné le moyen de se guérir, quand la divinité inculqua, si ineffaçablement, chez l'être humain, l'idée des gouvernements démocratiques, par l'empreinte indélébile de la triple notion : *Vérité-Justice-Bonheur*. Ce que tout être humain, sans exception, porte dans sa pensée. Ce que tous les tyrans de tous les pays ont constamment voulu anéantir. Ce que personne ne parviendra jamais à détruire, quoiqu'il se fasse. Ce qui finira par laisser le genre humain sous le règne de l'équité, de la commandite, de la charité qui est la loi synthétique des êtres moraux.

§ 18.

Aux Ministres.

Vos prédécesseurs, égarés ou coupables, ont surpris la bonne foi de l'auteur de la loi du 1er avril 1837; voulez-vous accepter la responsabilité de leur tort?

Le pays, son droit public, ses fonctionnaires, ses

agents, ses citoyens, tous les intérêts généraux et particuliers de la France, sont livrés à la seule discrétion d'un autocratie illimitée ; et le ministère auteur, fauteur, soutient de cette inqualifiable œuvre politique, resterait sans reproches !

Admettez, tant qu'il vous plaira, qu'aujourd'hui, vû le personnel distingué et honorable, qui forme le *parlement supérieur de la nouvelle cour de cassation*, assez de garanties restent pour n'avoir point à craindre, de sitôt, aucune de ces décisions qui peuvent, si rudement, frapper les institutions de la France, et frapper tous ceux qui tiennent à la France par corps ou par biens.

Nonobstant la conscience la plus forte et la plus incorruptible, quel homme en cassation pourrait-il se soustraire, complètement, à ce que l'influence a de moyens pour amener telle ou telle décision ; sans que la plus grande, la plus pure vertu, n'ait même à se douter de l'influence, qui est dans le cas de travailler, de décider le plus fortement.

Quels que soient, aujourd'hui, les titres qui méritent la confiance universelle : à ce consistoire dictatorial, à cet aréopage suprême, à ce législateur souverain ; l'avenir n'en est pas moins décidément fâcheux. En fait d'organisation sociale, l'incertain est un très grand mal. Or, le sort et du pays et de quiconque y a ses biens, sa personne, ses affections, est à coup sûr fort incertain, avec la loi du 1er avril 1837. Par conséquent, cette loi ne peut être que réprouvée, comme toute loi, très mauvaise et très dangereuse, doit être réprouvée.

Croyez-vous qu'il manquât plus de garanties, lors que pour un conflit de jurisprudence, avec la loi du 30 juillet 1828, les décisions judiciaires ne triomphaient, qu'avec trois décisions de trois diverses cours royales; ce qui, d'ailleurs, (lorsque cassation et cours royales restaient en dissentiment) laissait le recours au pouvoir législatif pour une loi interprétative, relativement au sort ultérieur de la législation et de la jurisprudence?

La nouvelle cour de cassation, c'est pire que le sénat de la vieille Rome; c'est une aristocratie, telle que l'histoire de tous les pays en montre de si effrayants exemples; c'est l'autocratie monstre; c'est le cerbère politique; c'est une oligarchie devant laquelle pays, constitutions, droits, trônes, ne sont que des mots; c'est la parodie des meneurs de l'ancienne Venise; c'est la suprématie des grands actuels à Londres, à Saint-Pétersbourg et ailleurs encore; c'est, pour la France, un autre redoutable directoire, une nouvelle convention révolutionnaire et terroriste, une féodalité, une nouvelle ligue, une immense conspiration, une machine infernale, soit contre les peuples, soit contre leurs rois.

A tout ce que vous direz, cassation répondra : » Mandons, ordonnons, enjoignons que les tribunaux « se conforment à notre sentence. — Que la force « publique, que tout agent du pouvoir, prête main « forte à l'exécution de notre décision. »

Pour toute garantie, il ne reste que bon plaisir, chance d'une bonne digestion ou d'une bonne pensée, confiance; mais rien de plus en *réelle* garantie.

La cause de la loi de 1837, ne peut être que : le délire des idées, l'enivrement des esprits, l'abandon de toute équité, l'indifférentisme, la démoralisation, la stupidité, l'aveuglement, l'idiotisme; la paralysie de la pensée, la passion des nouveautés gouvernementales, la soif du pouvoir, la rage des dictatures, le conflit des principes législatifs et judiciaires, le besoin d'immoler des victimes, la convoitise des sacrifices humains, l'élan de la fureur vers le saccagement de la civilisation libérale, etc.

Cette loi ne peut exister, que durant les spasmes d'un cataclysme, où toutes les facultés de l'intelligence, soûlées d'égarements, partie en conflagration, partie en léthargie, laissent le genre humain sous le violent et passager empire du mal.

Oui, nous attendons que le ministère appréciera, à sa juste valeur et dans toute sa portée, la loi du 1er avril 1837. Et, ainsi, loin d'avoir nui, la loi du 1er avril 1837, n'aura été qu'un événement bon à procurer : 1° le réveil des bonnes idées et le retour des bons principes en France; 2° l'amélioration de la législation et de la procédure; 3° la diminution des frais de justice, puisqu'en France on paie déjà tant d'impôts, sans doute pour obtenir justice; 4° des garanties contre des poursuites judiciaires injustes, qui alors même qu'elles terminent à d'équitables sentences, n'en grèvent pas moins fort durement les citoyens; 5° l'adoption d'une loi qui assure, pour l'avenir, que chaque procès soit décidé d'après la majorité des sentences rendues, et non plus d'après l'idée du dernier juge saisi; de manière, en outre, que jamais, sous prétexte d'un rejet de pourvoi, les justiciables ne soient plus privés des garanties, que la loi leur assure, quand elle crée divers degrés d'épreuves et révisions judiciaires.

§ 19.

Quelques mots essentiels, concernant la royauté, par rapport à la nouvelle cour de cassation.

Pour construction, société, mouvement, rien à obtenir, rien à concevoir même, sans un point fixe. Si la royauté n'est pas votre point fixe, votre société ne sera qu'anarchie et malheurs; votre mouvement ne sera que l'activité imprimée par une domination fort tyrannique. Les plus abstraits principes de la pensée, les plus positifs faits de l'histoire, n'enseignent pas autre chose. Mais, que le mouvement social gravite au tour d'une royauté démocrate; d'une royauté qui ne songe qu'à présider les masses et à voir se réaliser : l'égalité des droits de l'homme, par la légale égalité des citoyens, soit légalité des citoyens devant les lois; la confection des lois, par l'expression de la conscience publique; l'équité des lois, par leur égalité pour toutes les personnes ; la liberté individuelle dans tout acte de la vie privée ; l'ordre dans seulement ce qui est du domaine extérieur et public ; l'anéantissement de toute création aristocratique. Alors, autant que les humains le comportent dans leurs affaires d'ici bas, vous aurez équité et ordre. Remarquez que tout cela, c'est purement et simplement, la charte ; il n'y a qu'à tenir la main à son exécution. Or, la nouvelle cassation, c'est le renversement de tous les principes de la charte.

Le *Roi* veut que la France vive sous le règne des lois, et non pas sous l'empire de l'arbitraire.

Aussi, tout en respectant le vote des chambres, qui, à la sollicitation du ministère, a détruit l'ancienne cour de cassation ; le *Roi*, conduit par la droiture de sa propre conscience, a démissionné le ministère qui a produit la fatale loi du 1er avril 1837.

Le respect du Roi pour le vote des chambres législatives, a été un témoignage éclatant, envers la France, des bons sentiments du Roi.

La destitution du ministère, a été le plus bel acte que la société avait à attendre de la couronne ; c'était aussi l'hommage, le plus digne, que le Roi pouvait rendre, alors, à l'ancienne cour de cassation.

Mais, actuellement, reste à songer à l'avenir.

Quand, au Roi, la loi donne le droit de coopérer, directement, à l'initiative et à la confection des lois ; la loi, par-là, met le Roi à même de faire proposer, dans une prochaine session, une loi capable de délivrer la civilisation et la France, de l'effrayant réglement, auquel les a livrées, une malheureuse erreur ministérielle ; erreur que les desseins du Roi ne sauraient partager, et que le Roi a déjà flétrie par la destitution du ministère. En effet, par ce congé du ministère, le Roi a déjà prouvé, que la couronne ne s'associait pas à l'attentat, que la loi du 1er avril 1837 représente, contre le droit public.

Au reste, de tout temps, le rôle de la royauté a été d'opposer des barrières, à l'envahissement de l'aristocratie, qui partout s'efforce d'effacer, d'asservir, et les peuples et leurs rois. L'oligarchie ne peut subsister qu'au détriment des nations et des couronnes royales ; les faits les plus positifs de l'histoire, mettent cette vérité au dessus de tout doute.

Ainsi, notre confiance sincère, est que le Roi, au nom du pays et de la civilisation, réclamera, pendant la prochaine législature, contre cette malheureuse loi du 1er avril 1837 ; d'*où il pourra utilement suivre* que, désormais, on soit moins expéditif à toucher aux lois, qu'on ne l'a été en cette occasion redoutable.

Si le Roi s'appliquait à faire revenir, sur la loi du 1er avril 1837, *loi indéfiniment dangereuse au règne de toutes autres lois* ; quelle preuve n'aurait-on pas de la haine du Roi pour l'arbitraire? Par suite quelle confiance, quelle admiration, quel attachement ne verrait-on pas, de toute part, se développer à l'égard de sa majesté? Voilons toute autre hypothèse.

PIÈCES

JUSTIFICATIVES.

Texte de la loi du 1er avril 1837.

Art. 1er Lorsqu'après la cassation d'un premier arrêt ou jugement rendu en dernier ressort, le deuxième arrêt ou jugement rendu dans la même affaire, entre les mêmes parties, procédant en la même qualité, sera attaqué par les mêmes moyens que le premier, la cour de cassation prononce, toutes les chambres réunies.

Art. 2. Si le deuxième arrêt, ou jugement, est cassé pour les mêmes motifs que le premier, la cour royale ou le tribunal auquel l'affaire est renvoyée, SE CONFORMERA à la décision de la cour de cassation, sur le point de droit jugé par cette cour.

Art. 3. La cour royale statuera en audience ordinaire, à moins que la nature de l'affaire n'exige qu'elle soit jugée en audience sollennelle.

Art. 4. La loi du 30 juillet 1828 est abrogée.

Différences, entre la loi du 1er avril 1837, et les lois antérieures sur la même matière.

Pour un même texte de loi, pour une même affaire, il se voit des décisions différentes, dans les divers tribunaux, et chez les divers juges.

La loi du 1er avril 1837 déclare, que *la seule bonne décision*, c'est celle de la cour de cassation chambres réunies. L'arrêt de 2e cassation est donc l'unique loi de la France. C'est pourquoi, le tribunal auquel la haute cour renvoie l'affaire, SE CONFORMERA à l'arrêt de deuxième cassation.

Cette même matière a été réglée, différemment, sous chacun des gouvernements qui ont passé en France; car, sur la terre, toutes choses passent, y compris les gouvernements d'autrefois.

Comme de raison, chaque gouvernement a travaillé, à sa manière, l'objet de la loi du 1er avril 1837; c'est au point, que l'objet est devenu un véritable thermomètre à consulter, si l'on veut savoir où en est la position gouvernementale. En un mot, voulez-vous tâter le pouls du peuple et du pouvoir? Voyez en quel état se trouve la matière de la loi du 1er avril 1837; là est le secret de la vie sociale; là viennent s'exprimer les pulsations qui agitent le pouls et le cœur de la société; là se manifeste, encore, la situation de l'esprit public.

L'ancienne monarchie, les lois de 1790, de 1791, du 5 fructidor an 3, du 27 ventôse an 8, du 16 septembre 1807, la restauration, la loi du 30 juillet 1828, celle du 1er avril 1837 ONT COMPRIS :

« Que le pouvoir social appartient, en fait, à celui-« là seul qui, par sa décision souveraine, fixe les in-« certitudes susceptibles de survenir, soit dans la « lecture de la loi, soit dans le jugement des procès ;

« Que celui qui fixe ces incertitudes, par décision « souveraine et sans appel, a le moyen de rendre, à « son gré, toutes décisions imaginables ;

« Que le pouvoir législatif, est à la discrétion de « celui qui finit les dissentiments judiciaires, et qui « interprète la loi. »

En conséquence, la France a subi, tour à tour, les divers réglements suivants :

Ordonnance de 1667. Le Roi détermine le sens, auquel les tribunaux doivent se tenir, pour l'application des lois.

Cette ordonnance s'exprime ainsi : « Si dans les « jugemens qui seront pendans en nos cours de par-« lemens et autres cours, il survient aucun doute ou « difficulté sur l'exécution de quelques articles de nos « ordonnances, édits, déclarations et lettres-patentes, « *nous leur défendons de les interpréter*; mais voulons « qu'en ce cas elles aient à se retirer pardevant nous, « pour apprendre ce qui sera de notre intention. »

Loi de 1790. Si après deux cassations, un troisième tribunal juge de la même manière que les deux premiers, le pouvoir législatif donne un décret déclaratoire auquel la cour de cassation doit se conformer.

Les lois de 1791, *art.* 21, *et* 5 *fructidor an* 3, renouvellent ladite loi de 1790.

Loi du 27 *ventôse an* 8, *art.* 78. Lorsqu'après une cassation, le 2e jugement est attaqué par les mêmes moyens, la question est portée devant toutes les sections réunies du tribunal de cassation. D'ailleurs, les lois précitées de l'an 3, de 1791 et 1790 sont maintenues, en tout ce qu'elles n'ont pas de contraire à la présente loi du 27 ventôse an 8

Loi du 16 *septembre* 1807. Le conseil-d'état, par avis dont le chef de l'état a la sanction, prononce sur les dissentiments des tribunaux et sur l'interprétation de la loi; ainsi, tous procès étaient justiciables du conseil-d'état et du chef du gouvernement.

Restauration. Dès 1814, les chambres des pairs et des députés, voulaient détruire la loi de l'empire sur l'interprétation des lois, et sur l'administration de la justice, par le conseil-d'état et le chef du gouvernement. Elles voulaient, que le dissentiment des tribunaux fût déféré au pouvoir législatif; que la déclaration ou interprétation de la loi, fût donnée par la puissance législative; que l'interprétation fût une décision générale, dont l'application, aux espèces particulières, serait faite par les tribunaux. Avec le temps, ce projet produisit la loi du 30 juillet 1828. On conçoit, que le système impérial plaisait à la restauration, parce que ce système faisait revivre, au profit du chef de l'état, l'antique ordonnance de 1667.

Loi du 30 *juillet* 1828. Les chambres assemblées

d'une cour royale, finissaient le procès objet de deux cassations, et qui avait mis en dissentiment les divers degrés de l'ordre judiciaire. En matière pénale, le sens le plus favorable au prévenu, devait triompher au pis aller. Le pouvoir législatif prononçait, ensuite, sur l'avenir de la législation et de la jurisprudence, non sur le procès, puisqu'il était terminé par les chambres assemblées de la cour royale saisie après 2e cassation. Alors, les citoyens ne dépendaient pas de la centralisation gouvernementale.

Loi du 1er *avril* 1837. Après deux cassation, l'affaire est renvoyée à une juridiction qui doit SE CONFORMER à l'arrêt de 2e cassation. Cet arrêt, par conséquent, remplace le *décret déclaratoire* que, depuis 1790 jusqu'à 1807, les constitutions avaient réservé au pouvoir législatif. L'arrêt du 2e cassation, également, remplace l'*interprétation du chef de l'état*, selon que l'avaient réservée la loi de 1807 et l'ordonnance de 1667. L'arrêt de 2e cassation, en outre, détruit les diverses *garanties* de la loi de 1828. D'ailleurs, la loi de 1837 ne dit pas que l'arrêt de 2e cassation sera suivi, désormais, pour tous les *cas semblables*. Bien plus, l'art. 5 du code civil porte :

Il est défendu aux juges de prononcer, par voie de *disposition générale* et réglementaire, sur les causes qui leur sont soumises.

Dès-lors, une même question pourra être jugée, à chaque fois, d'une manière différente ; que dire, quand dans la même audience, deux mêmes causes auront deux différentes décisions ? Par exemple, un renvoi de cassation et un appel, pourront recevoir par les mêmes juges, sur le même sujet, le même jour, deux décisions opposées.

Par conséquent, des constitutions essayées :

1° Il résulte que la cour de cassation a obtenu, par la loi du 1er avril 1837, le pouvoir suprême, la dictature gouvernementale. Que conclure de ce fait ? La cour de cassation fait-elle partie du gouvernement ; ou bien, devient-elle un pouvoir, un gouvernement, au-dessus de tout autre pouvoir, au-dessus de toute autre autorité, au-dessus de tout autre gouvernement? Sur ce point, répondent assez les constitutions essayées ; notamment l'ordonnance de 1667, et la loi de 1807, maintenues par la restauration jusqu'en 1828.

2° Il résulte que le pouvoir législatif, à chaque époque, s'est réservé d'intervenir, toutes les fois que les divers degrés de l'ordre judiciaire étaient en désaccord.

3° Il résulte qu'il n'a pas encore été résolu, nettement, le problème relatif : à l'autorité et aux caractères des lois, au nombre et conditions des révisions judiciaires, au dissentiment des tribunaux. Ainsi, reste à savoir : *Comment, par qui, doit être terminé, un procès sur lequel il n'existe pas de lois antérieures précises, ou sur lequel les tribunaux sont en dissentiment.* Que ne songe-t-on au système des majorités ?

En l'état, n'est-il pas fort curieux, de voir qu'une question si grave et si difficultueuse, est résolue dans le sens le plus dangereux pour la société, et dans le sens le plus favorable au pouvoir ?

Outre que chaque matière judiciaire, avec la loi du 1er avril 1837, peut devenir, contre tout individu que l'on voudrait atteindre, autant d'occasions de sévir, par tout ce que peut porter de condamnation, la sentence d'un tribunal suprême; qui sait ce que deviendront, d'autre part : les lois et leur étude; l'école de droit, les fonctions d'avocat et d'avoué; les contrats; les jugements des tribunaux, etc., etc.; sitôt que tout dépend d'un arrêt de cassation; sitôt que chaque arrêt peut changer indéfiniment? dira-t-on que la mobilité des arrêts est une garantie? de bonne foi, quelle garantie concevoir, en des décisions judiciaires qui peuvent varier, indéfiniment, sur un même point de droit public? les décisions judiciaires sont donc, de véritables *conventions particulières* à la seule discrétion de la haute cour? Alors que devient l'art. 6 du code civil? que devient la législation? qu'est-ce que le pouvoir législatif? qu'est-ce que l'ordre judiciaire? L'art. 6 du code civil, porte :

On ne peut déroger, par des conventions particulières, aux *lois qui intéressent l'ordre public* et les bonnes mœurs.

L'équité du droit public n'est qu'un mot, et c'est encore une parole qui exprime le règne de l'arbitraire sur la société, si les lois et les arrêts manquent de fixité, de certitude, d'uniformité, d'égalité; la loi n'est plus, alors, que le bon plaisir du jugeur!!!

En prenant les hommes tels qu'ils sont, généralement; comparez et estimez, d'une part : les arrêts que cassation rend, avec l'assurance qu'ils ne seront pas contredits, sous la loi de 1837 qui ordonne au tribunal saisi du renvoi, de SE CONFORMER à l'arrêt cassateur; d'autre part : les arrêts que cassation rendait, sous la loi 1828, avec la pensée qu'ils étaient soumis à la révision des chambres assemblées d'une cour royale, et au contrôle des débats parlementaires, quand il y avait lieu de donner une loi interprétative. Quelle différence peut-on, raisonnablement, supposer à ces deux sortes d'arrêts? A ne rien dire de plus, il me semble, que la loi de 1837, *joue à croix et à pile*, la France et le sort de toute personne; autrement il faudrait dire : jamais coup d'état d'une aussi grande portée; intrigue, menée, manœuvres, etc.

L'indépendance du pouvoir judiciaire, est la garantie nécessaire des droits individuels, contre la force du gouvernement. Mais, cette indépendance n'est pas l'arbitraire judiciaire.

Or, l'omnipotence de 27 cours royales, disséminées en des localités éloignées les unes des autres, et divisées par des intérêts différents, est-elle comparable à la suprématie de la seule cour de cassation, siégeant à Paris, côte à côte avec tous les grands pouvoirs de l'état? Cassation devait-elle être, ce qu'elle est?

L'assemblée constituante a créé *le pouvoir de cassation*. Ce n'était pas un *jugeur*, ce n'était pas une *cour*; c'était le *conseil de cassation*; il avait à contrôler les sentences des tribunaux de la France; et, quand une sentence lui apparaitrait censurable, il n'avait qu'à renvoyer l'affaire aux tribunaux, leur disant : jugeurs, jugez de nouveau, selon moi vous avez mal jugé.

La loi de novembre et décembre 1790, défend à la cour de cassation dévoquer les affaires (1); lui interdit, dans tous les cas, et sous quelque prétexte que ce soit, de s'immiscer dans le fond des procès, de décider, par ses arrêts, du sort des affaires (2); lui prohibe l'interprétation des lois, ce que tous les législateurs se sont réservé, à peine que le législateur ne soit plus maître de la loi, et que les justiciables soient à le merci d'un juge législateur, et que les états soient à la discrétion du pouvoir judiciaire. Ladite loi de 1790 ordonne de plus, que les affaires venues en cassation, soient toujours renvoyées devant une juridiction inférieure. Or, comparez à la loi du 1er avril 1837 (3).

4° La loi du 16 septembre 1807, porte :

Art. 1er. Il y a lieu à interprétation de la loi, si la cour de cassation annulle deux arrêts ou jugements en dernier ressort, rendus dans la même affaire, entre les mêmes parties, et qui auront été attaqués par les mêmes moyens.

Art. 2. L'interprétation est donnée dans la forme des réglements d'administration publique. (*Conseil-d'état et ordonnance du chef de l'état*).

(1) Par ce qui s'appelle le *ministère public*, la cour de cassation, ou tout autre individu, peut faire arriver devant cette cour, tous les procès que cette cour ou tout autre gent voudrait y voir arriver.

(2) L'arrêt de 2e cassation, avec la loi du 1er avril 1837, statue sur le fond des procès et décide de leur sort.

(3) Le renvoi de 2e cassation, à une juridiction tenue de *se conformer* à l'arrêt cassateur, n'aboutit qu'à augmenter le fardeau des citoyens.

ART. 3. L'interprétation peut-être demandée par la cour de cassation avant de prononcer le 2e arrêt.

(Quand est-ce, a-t-il été défendu et impossible à la cour de cassation, de demander un avis du conseil-d'état, une ordonnance royale, même une loi interprétative ? Les causes sont quelque fois pendantes, en cassation, plus d'une année ; l'intervalle n'est-il pas assez long, pour faire arriver des interprétations, autant que l'on voudra en supposer. Ceux qui ont la faculté de déjeûner tous les matins ensemble, n'ont-ils pas le moyen de s'entendre pour faire arriver, à volonté, une bonne loi interprétative ?)

ART. 4. Si l'interprétation n'est pas demandée, la cour de cassation ne peut rendre le deuxième arrêt, qu'en sections réunies sous la présidence du grand juge (ministre de la justice, garde des sceaux, chancelier de France, président de la chambre des pairs, président de la cour de cassation).

ART. 5. Si l'interprétation n'est pas demandée, et qu'après l'arrêt des sections réunies de cassation, le jugement de l'affaire est attaqué pour la troisième fois en cassation, l'interprétation est de droit, et elle est donnée comme il est dit art. 2.

Ainsi donc, avec les prétextes de l'*interprétation des lois*, des *dissentiments judiciaires*, de *l'insuffisance de la législation en certains cas*, presque tous les régimes ont confisqué et escamoté, à leur profit, le droit public. Mais, qui rend cet abus possible ? c'est que l'on tient, pour une chose raisonnable, que le pouvoir judiciaire, quand bon lui semble, prenne sur lui de *modifier* la loi. Cette disposition, ce laisser-aller des esprits à l'égard des lois, aujourd'hui, laisse cassation en possession de la matière. Or, cela change la constitution de la France, cela annulle toute garantie sociale; et, cassation y rencontre la cause du plus fâcheux affaiblissement moral, loin d'y puiser un élément de dignité.

Est-ce, par les difficultés de la question, que l'on voudrait justifier l'abus et le débordement immoral de la loi du 1er avril 1337?

Les difficultés de la question, tiennent à la constitution de l'état. Par conséquent, argumenter de ces difficultés, c'est mettre en question : *si l'état est ou non bien constitué, si sa constitution doit être changée*; si la dictature doit remplacer la légalité.

Finalement, disons le; sur le sujet de la loi du 1er avril 1837, ont été essayées toutes les combinaisons imaginables, MOINS UNE. Pourquoi, n'examinerait-on pas, la seule combinaison qui reste à éprouver? voir la suite des *curiosités du mouvement social.*

CONCOURS

POUR LA LOI DU 1er AVRIL 1837.

Motifs. — Individu et faiblesse ; isolement, individualisme, égoïsme, castes, mal, etc. ; voilà des synonymes obligés. Ou, s'il y a quelque variante, la variété est excessivement légère ; elle ne change pas le fond ; synthèse, c'est toujours la grande loi de la nature ; rien n'est plus fixe.

Pour les humains et pour les choses humaines, il faut donc société. Des concours ne peuvent donc que être à propos, et à propos en tout objet qui a une valeur humanitaire.

Par exemple : il s'agit de mettre, toute personne, en état d'apprécier la loi du 1er avril 1837 ; parce que cette loi intéresse, au plus haut degré, la société et chacun de ses membres. A ce but, est consacré le travail des *Curiosités du mouvement social.* Mais, les masses sont réduites aux travaux les plus continuels et les plus pénibles ; elles n'ont presque point de de temps à accorder au raisonnement. Il faut donc songer à ajouter, à la puissance du raisonnement, des moyens courts, actifs, populaires, des moyens qui soient infailliblement généraux. Ces moyens sont, nécessairement dans les ressources du chant et de la gaîté; ce qui porte l'activité et la pensée, dans toutes les situations de la vie ; ce qui va saisir tout individu où il se trouve, serait-ce dans les rues et dans les carrefours. En conséquence, concours ainsi qu'il suit :

Prix du concours, et objets à y traiter. 1° La partie relative au raisonnement, est suffisamment traitée dans les *Curiosités du mouvement social.* Toutefois, (pour prévoir le cas, où quelqu'un aurait à ajouter, sur la loi du 1er avril 1837, des documents d'un grand intérêt et d'une haute portée) il est proposé un prix de 300 francs pour la meilleure pièce qui, en traitant la totalité de la question, ajoutera fortement aux *Curiosités du mouvement social.* Les concurrents ont le droit de traiter pour ou contre notre thèse.

2° La partie populaire, qui peut fournir tant de travaux joyeux, en prose, vers, chansons, carricatures théâtrales, etc., etc., mérite surtout le concours. Il convient de rire, de grouper les idées, de toucher les masses. Se fâcher, rester dans l'isolement, ce serait sottise. Concours donc, et concours jovial. En conséquence, un prix de 300 francs sera réparti entre les trois pièces qui, dans ce genre, vaudront, et le mieux, pour populariser l'intelligence et l'appréciation de la loi du 1er avril 1837.

Esprit des rédactions. — La sauve garde de la démocratie, c'est la royauté. Le roi, c'est l'unité fondamentale, qui doit servir de guide, pour assurer la perpétuité de l'égalité des droits de l'homme et du citoyen. Mais, l'aristocratie, avec ses cathégories, ses castes, ses droits inégaux, c'est le seul ennemi du bien public ; c'est le grand crime contre la morale. L'aristocratie est, véritablement, le foyer, la source, la cause de tous les actes et principes nuisibles, qui désolent le genre humain. Les concurrents sont priés de se pénétrer de ce point de vue. Si, contre toute attente, il se présentait au concours, des pièces conçues dans un esprit hostile à la royauté, elles ne seraient point admises.

Terme. — Les pièces fournies au concours, doivent être rendues le 15 décembre 1837 ; c'est afin qu'elles puissent être imprimées pour la prochaine bonne année, et servir d'étrennes mignonnes à 1838.

Conditions d'envoi. — Les envois, non affranchis de tous frais de port, ne seront pas reçus. Chaque pièce fournie au concours devra porter une épigraphe, c'est le moyen de reconnaître les diverses pièces. Chaque concurrent doit cacher son nom sous un pli cacheté et joint à son envoi, sur ce pli sera visiblement répétée la susdite épigraphe de la tête de l'écrit.

Adresse. — Expédier franco, à M. Gabriel Timon-David, notaire à Marseille, pour remettre à M. Gabriel-Victor Duclo, rentier.

Juges. — Sauf appel pour révision, les pièces présentées au concours seront jugées, les prix seront décernés, par le fondateur du concours et de ses prix. L'appel, en révision de ce jugement, devra se former par la voie de la presse; il sera recevable dans les trois mois de la première annonce que la presse fera dudit jugement. Durant ledit trimestre, chaque appelant devra désigner un arbitre, à Marseille; chaque arbitre devra se présenter, avec ses pouvoirs, à l'adresse des concours, pour faire reconnaître sa qualité. Le fondateur du concours nommera, ensuite, une commission composée d'autant de membres, qu'il y aura eu d'arbitres nommés par les appelants. Ces arbitres réunis à cette commission, formeront le jury qui prononcera sur l'objet de l'appel; le fondateur du concours sera membre de ce jury. Si, dans son vote, le jury ne présentait qu'une majorité moindre des trois quarts des votants, il devrait s'adjoindre d'autres membres, jusqu'à ce que le vote donnât une majorité des trois quarts des votants. Les jurés adjoints, seraient désignés, par le vote de la simple majorité existante. Le jury ne peut rien changer au programme, c'est un contrat aléatoire, il reste avec toutes les conditions de droit pour les divers intéressés.

Avis. — Recueillir, mettre en faisceau, publier tous les coups disséminés portés par la formidable cassation, c'est une œuvre de la plus haute importance pour tout le monde. En conséquence, quiconque aurait été, ou viendrait à être atteint par cassant pouvoir, est prié de fournir ses renseignements. D'ailleurs, tout document expédié, franco, à l'adresse du concours, et qui sera réellement utile au but ou à l'amélioration de l'ouvrage actuel, et n'importe sur quel point, procurera une récompense proportionnée, autant que possible, aux désirs exprimés par l'auteur de l'envoi. Les conditions relatives à l'appel et à l'épigraphe, sont rendues communes aux concours fondés, avec prix de 3,000 francs, dans l'ouvrage intitulé : *Découverte et procès, de la médecine synthétique*; cette addition est en conformité des bases posées au programme de cet autre sujet.

MARSEILLE,
Imprimerie de LÉOPOLD MOSSY, rue Grignan 54.

www.ingramcontent.com/pod-product-compliance
Lightning Source LLC
Chambersburg PA
CBHW052046270326
41931CB00012B/2653

* 9 7 8 2 0 1 1 3 1 9 0 2 9 *